日日好日
處處好處
人人好人
事事好事

星云大师

谈当代问题 三

心安诸事安

星云大师 著

东方出版社
The Oriental Press

目 录

第一讲

佛教对安乐死的看法

佛教的所有经典，都是座谈会的记录！虽然在三藏十二部经里有一部"无问自说"，也就是佛陀未待他人问法，而自行开示的教说，但是翻开大藏经，除了《阿弥陀经》是佛陀无问自说以外，几乎所有经典里都有一位当机众，由他代替与会大众向佛陀请法，再由佛陀解答释疑。例如《金刚经》中须菩提问："云何应住？云何降伏其心？"《维摩经》中维摩居士与文殊大士等诸大菩萨论何谓"不二法门"，更是一部精彩绝伦的座谈会纪实。

所谓"大疑大悟，小疑小悟，不疑不悟"。佛光山星云大师平时应邀各地讲演，他也经常鼓励信徒提问。大师自诩自己是一口钟，有敲必应，有问必答。大师解答问题，不但论理精辟，切题发挥，并且引喻说譬，生动活泼，浅显易懂。尤其遇有听众提出敏感尖锐的问题，大师总是四两拨千斤，展现他的幽默与智慧，经常引动全场如雷般的掌声及笑声不断，热络的情绪更是弥漫全场，久久不散。

例如，澳大利亚移民部部长菲利普·罗达克问大师："世界上的宗教领袖当中，哪一个最好？"大师说："你欢喜的那个，就是最好的！"平时也经常有信徒好奇地问大师："这么多年不见，您怎么一点也没有老？"大师总是微笑地答道："我没有时间老！"诸如此类幽默而又机智的回答，常令闻者会心一笑，甚至忍不住拍案叫绝。

大师一生主持过无数的座谈会，场场精彩，笔者经常随侍大师左右，每回聆听大师智慧的问答，都有悠游法海的感觉，而当场闻法的听众，也都深感获益良多。2001 年 4 月 25 日，大师应新加坡国立大学医学院邀请，与一群执牌医生、准医生及多所大学的各科系学生千余人座谈。大师针对大家所提问的安乐死、堕胎、杀生等问题，就佛法与医学的观点，提出精辟的解说，以下就是当天座谈会的如实呈现。

◆请问佛教对"安乐死"的看法？

星云大师： "安乐死"能否施行，这是现代举世共同关心，却又备受争议的问题。现在有些国家立法准许安乐死，有些国家抱持保留的态度，有些国家则断然否决。

中国人一向认为"上天有好生之德"，即使是一个垂死的病人，也只能尽量帮助他延续生命，怎么可以帮他提早结束生命呢？由于人把生看成是欢喜的、是宝贵的，死亡是悲哀的、是不好的，因此惜生畏死，这是正常的心理。其实如果我们能重新认识生命的意义，重新调整对生死的观念，知道生未必是喜，死未必是悲，我想对安乐死的争议就会减少。现在讲施行安乐死，谁才有权利决定？谁有资格让一个人接受安乐死？在法律上又应该负有什么刑责？这是个复杂的问题，必须先探讨解决。也就是说，即使法律准许实行安乐死，那么决定安乐死的人，是他自己呢，是医生呢，还是他的亲属呢？我在想，最爱他的人应该有权利来作此决定。但世界上无论什么事情，虽然在爱的前提之下，应该是好事，而不是坏事；问题是谁可以证明这个人是完全爱他的呢？这是个关系重大的问题。

台北有一名妇女，很有钱，身体也很好，最爱她的儿女却希望她早一点死，因为如此一来他们就可以早一点分得财产。最爱父母的儿女希望健康的父母早一点死亡，这个爱的标准从何界定呢？看来还是由最接近他的人成立一个委员会，推举最爱他的人来作最后的决定吧！实在说，要求安乐死的人必定是很痛苦的，因此有人把死亡也看成是解脱。

◆医生在面对临终病人要求给他注射一针来结束生命时，应该如何安抚与应对？

星云大师： 在战场上，一个负伤的将军怕被俘虏后受到屈辱，因此拿枪命令部下一枪把他打死，以保持自我的尊严。一个临终的病人，也希望在临终时保有生命的尊严。一个人健康的时候像英雄，有病了就像狗熊，甚至觉得病容难看，不希望被人看见。所以人死以后，家属都会用布幔、床单，把亡者覆盖，不希望给人看到死相。

有一些病人知道自己的病已是药石罔效，不希望拖延时日，只盼早一点结束痛苦的生命，因此要求医生给他一针，以求得解脱。但这不是医生可以决定的，即使医生是出于慈悲、爱他、可怜他而给他一针，以帮助他解脱痛苦。但是纵使有这种想法，在法律上也没有立场，因此要由家属签署协议或将来立法，才能获得解决。

有时一个病患看似病得很严重，也许医生已宣告他的生命只剩半年、一个月，或一个礼拜后就要死了，但其实也不一定。有一些人被送到太平间，却又活了回来。这种实例我就亲眼见过好几个。如果这时你给他一针，让他安乐死，他就没有机会重获生命了。所以安乐死牵涉的问题很复杂，最重要的是要减轻病患的痛苦。医生对临终的病人要安慰他、鼓励他，给他求生的意志与力量，让他心理上不痛苦。至于是生是死，那是自然的结果。

◆上述论点说："最爱他的人有权决定给予病人安乐死。"这算不算杀生？

星云大师：佛教讲不杀生，这是绝对的，但也不是必然的。有时候一个坏人杀了许多好人，站在慈悲，站在维护公理和正义之立场把这个坏人杀掉。杀了他之后，我有功，也有过，因为杀人终究要受罪业的果报，但相较之下，杀人的罪过比较轻，维护公理正义的积极功德是比较大的。

在佛经里，佛陀于因地修行时，曾为了救五百个商人而杀了一个坏人，所以杀生有时候也可以看成是一种慈悲。只是小乘佛教对于杀生的问题，往往宁可舍生也不去侵害虫蚁；反之，大乘佛教则会权衡轻重，为所当为。例如在国与国发生战争的时候，为了救国，他会挺身杀敌，或是为了慈悲救人，他也宁可自己担负业报而牺牲自己去杀生救人。所谓"有爱则可平于天下，无爱则家庭不和"，家属在爱与慈悲之下决定许多事情，就如大乘佛教里所说的"饶益有情"。

◆医学对死亡的定义是心脏停止跳动和脑死，这和佛教的看法是否一样？

星云大师： 人死亡的一刻究竟是什么时间？脑死，但心脏还在跳动，他还没有死；心脏停顿了，但身体仍有温度，也还没有死亡。一条蚯蚓，我们把它断成两截，它两头都在跳动；生命是一个，究竟哪一边才是真正的生命呢？

在佛教里认为，跳动只是一种生机，生命还是完整的一个。生命是一个，那么生命究竟是在哪一边呢？这就无须妄自分别了。当然，在科学上一定有个详细的分析，这与佛法上的解释，有时未必要完全一样。

早晨，有一群人在运河边等船，准备乘船到对岸去办事。当船夫把小船从沙滩上推下水的时候，船底压死了很多小鱼、小虾。船过了河以后，留下一部分人等待下一班船。当中有个秀才问一位和尚，他说："师父，当船推到水里的时候压死了许多鱼虾，压死鱼虾必定会造罪过。那么，请问这个罪过是船夫的呢，还是乘船的乘客的呢？"

法师对秀才说："是你的罪过。"

"为什么是我的罪过？"

"因为你多管闲事。"

佛教是以人为本的宗教，再说"罪业本空由心造"。罪过是由心所造，有时在许多细节上因为无心，也就没有罪过可言。反之，由于吾人心生分别，甚至造作染污的分别意识，因此就会有罪业果报。其实，即使是世间的法律，如果是无心的误杀，罪过也是比较轻的。

至于人死亡时间的界定，有时候心脏没有停止，脑神经也有跳动，可是分别意识没有了，如此也可以算是死亡。其实，何时死亡，时间的认定不是很重要。我认为让病患死亡的时候不觉得痛苦而感到安然，这个要比时间的界定更为重要。

各位医师们都知道，有一种检查身体的仪器叫"核磁共振"，把人推到一个洞里面检查。我曾经几次接受过这样的检查，有时因为检查结果不明显而需要重复进出那个洞。每次我都不介意，反而在里面因为感觉舒服而睡着了。所以我想存活的时间长短并不重要，如能感到舒服，死亡也是很美的。

◆**精神病患求神问卜而不去求医，致使病人加速死亡。请问大师对这有什么看法？**

星云大师：一个精神病患，不是神智错乱，就是颠倒妄想。在佛教里，对一个精神错乱的患者，最好是不要碰他。佛教讲求用佛法智慧来度人，即使你有再高的智慧，对一个精神病患也不能发挥功效。所以有时候我在想：现在的医师真是伟大，对于精神病患还想以种种的方法去医疗他。

当初佛陀为什么会放弃精神病患？精神科的医师难道要比佛陀更高明吗？当然，佛陀不是这类的专业人才。不过对于精神病患到处求神问卜，据我了解是没有用的，这只是自我安慰而已。很多的医疗主要是要靠自己的信心，以及医疗得法，并不是真的要去求佛祖、神明来替他治疗，他需要的是自己治疗自己，自己提升自己的信心。因为求神问卜不是绝对的灵验，自己决定自己做什么，自己对自己负责，所以有病不去找医师而去找神明，是不正确的。在座的各位医生们，在医疗上你们会自感不如神明吗？

关于一个人生病了，用什么方法医疗？宗教的？物理的？还是药物的？我想心理也很重要。心理医生对一个病患施与心灵上的安慰、鼓励，对病患的帮助很大。心理治疗在医疗领域里，功效不见得比医药差！佛教就是一个讲"心"的宗教，所谓"佛说一切法，为治一切心；若无一切心，何用一切法？"所以平常讲修行，就是训练我们的心，增强我们的力量。心的力量增强了，你吃药，药的效力会跟着增强；喝水，水的功能也会跟着增强。心的力量能决定一切。

有一个医生，想要了解心的力量究竟有多大，于是做了一个实验。他到监狱里找了一名死刑犯，对他说："你已经被判处死刑了，砍头或枪毙的死法都非常痛苦。如果现在我为你打一针，慢慢地抽血，血抽完，你就会自然安乐地死去，你愿意吗？"

死囚一听，马上应诺躺到床上，接受医生的安排。死囚的两眼先被蒙起，手臂被扎了一针之后，立刻听到鲜血一滴滴地滴在桶子里的声音。医生凑近死囚耳畔，不时地告诉他："哎呀！你的血已经抽出五分之一了，你的脸上已经失去血色了。""唉！现在你的血已经抽出五分之四了，你的脸色完全惨白，你快要死了！"

死囚紧闭双眼，听着医生的描述，心想："我的血快要流干了，我就要死了。"死囚忽然觉得自己头晕目眩，身体渐渐虚弱起来。死囚就在自己那"殷红的血液慢慢干竭，生命渐渐枯萎"的想象中，无疾地死了。事实上，医生并没有抽出死囚的血液，只是在死囚的耳边放置一个水桶，并且接了一条水管，水流入桶中，发出滴答滴答的响声，仿佛血液答答地滴落声，而他自己把听到的一切"暗示"，在心中造成一幅宛若真实的景象，他完全被自己心识的作用影响了。

因此，我们不要小看这个心，心能使我们升天、成佛，心也能让我们下堕三途恶道。我们的心蕴藏无限的宝藏，能够变现种种的东西，宇宙万法本来是如如不变的，但是心识一起了分别，一切山河大地在藏识里的变现就不一样了。因此佛教讲修行，主要就是要修心，心的力量奇大无比。

怎样治疗我们的心？这实在是 21 世纪人类最重要的课题。

◆医学研究以动物来实验，是否杀生？请问大师对此有什么看法？

星云大师：医学上以动物做实验，目的是为了救天下的苍生，所谓"死有重于泰山，有轻如鸿毛"，死的价值不一样。医生从事医学研究，目标远大，因此实在可以不拘小节。再说，以人为本的佛教，诸如杀生这许多问题，只有功过上的轻重比较，但也不是绝对的。佛陀过去世做商队首领时"杀一救百"，此即说明佛教戒律不但是行善，更重视积极的救人。尤其佛法有"世间法"与"出世间法"，既有世间法，就不能不顾及社会人生的实际生活，否则与生活脱节的佛教，如何为人所需要？

在台湾有个小岛叫小琉球，上面住了一万多人。岛上有个佛光会分会，由一名校长担任分会的会长。有一次我前去访问，会长提出一个问题，他说："我们这个岛上的居民，大部分都是以捕鱼为业，这与佛教的'不杀生'是相抵触的，但是如果要大家不杀生，我们会连饭都没得吃，所以在这里要推动佛教很难。"

我说："佛教虽然讲不杀生，但杀生还是有轻重之分。尤其杀生有'杀行'与'杀心'的分别。你们捕鱼，是为了维持生活，并没有杀的意念，就等于人死后举行火葬；一把火，不但把尸体上的寄生虫烧死了，甚至连木柴里的寄生虫也烧死了。但我们没有杀的意思，也就是没有杀的心，如此纵有罪过也会比较轻，而且通过忏悔，还是可以得救的。"

总之，从事医疗工作的医生，随便替病人打一针，都会杀死很多的细菌。但是，你们本意是为了救人，是大慈大悲的行为，不是杀生。

台南市有个坏人，连续杀了七个人，法院判处死刑要枪毙他。但因台湾多年没有施行死刑，所以监狱里没有人敢去执行枪毙，只好从台北"国防部"请了四位宪兵来执行。这些执行枪毙的宪兵有罪过吗？没有罪过，因为他们是在执法，而不是杀生；执着不杀生，反成了法执。所以在医疗上，戒律应该从多方面去考察。

◆佛教对器官捐赠有什么看法？

星云大师：器官捐赠是资源的再利用，是生命的延续，也是同体共生的体现。佛教认为，身体不是"我"的，身体乃四大假合而有，就如旅店般供我们的神识今生暂时居住而已。

有一段寓言说：有一个旅行的人，错过了住宿的旅店，就在荒郊野外的土地庙歇息。哪知半夜三更里忽然有一名小鬼背着一个死尸进来。旅人大惊："我遇到鬼了！"就在此时，忽然又见一个大鬼进来，指着小鬼说："你把我的尸体背来，为何？"小鬼说："这是我的，怎么说是你的！"两人争论不休，旅人惊恐骇栗。小鬼窥见："哟，神桌下还住了一个人！"随即说道："出来，出来，不要怕，请你为我们做个见证，这个死尸究竟是谁的？"旅人心想：看来今天是难逃一劫了，不过既然横竖会死，不如就说句真话吧！于是说："这个尸体是小鬼的！"大鬼一听，勃然大怒，立刻上前把旅人的左手折断，两口、三口吃进肚子里。小鬼一看，这个人是为了帮我，我岂能坐视不管？于是即刻从尸体上扳下左手帮旅人接上。大鬼仍然生气，再把旅人的右手三口、两口吃完，小鬼又将死尸的右手接回旅人的身上。总之，大鬼吃了旅人的手，小鬼就从尸体接回手；大鬼吃了旅人的脚，小鬼就从尸体接回脚。一阵恶作剧之后，二鬼呼啸而去，留下旅人茫然自问："我是谁？"

这是佛经中的一则寓言故事，主旨虽然是在阐述"四大本空，五蕴非我"，但是故事的情节不就是今日的器官移植吗？

关于器官捐赠，主要有四点意义：

第一，生命延续。生命是不死的！身体虽然有老迈朽坏的时候，但生命如薪火相传，是永恒无限的。生命由业力维系，业力如念珠的线，把生命的前生后世串联起来，延续不断。透过器官捐赠，带给别人生机，也是自我生命的延续。

第二，内财布施。佛教有财施、法施、无畏施。财施又分内财与外财。金钱、财物等外财布施之外，器官捐赠就是内财的布施。佛陀当初割肉喂鹰，舍身饲虎，所谓"难行能行，难忍能忍"。两千多年前佛陀已经为我们做了一个最好的示范，今天所有的人类更应该开阔胸襟，通过器官布施，让慈悲遗爱人间。

第三，资源再生。签署器官捐赠卡，在法律上有认证的问题，但对佛教徒而言，既然有心布施，纵使由家人代签同意书，也不成问题。器官捐赠让即将朽去的身体得以废物再利用，是资源的再生。当你捐出一个眼角膜，就能把光明带给别人；当你捐他一个心脏，就能给他生命的动力；当你捐赠骨髓，就是把生命之流，流入他人的生命之中。

第四，同体共生。世间万法，都是缘生而有；人与人之间也是依缘而存在。人的生存必须依靠士农工商提供生活的衣食住行所需才能生存，我们仰赖世人的因缘而活，自己也应该给人因缘。器官移植打破了人我的界限，破除了全尸的迷信，实践了慈悲的胸怀，体现了同体共生的生命。只要有愿心，人人皆可捐赠器官。通过器官移植，我们就能把慈悲、爱心，无限地延续、流传！

过去中国人一向有保全全尸及死后八小时不能动的老旧观念，其实这些观念已不合时宜。现代人的思想应该随着时代而进步。为了响应器官移植活动，我自己早在三十多年前就已经认签捐赠器官同意书。我也希望大家一起来响应这项庄严神圣的活动，希望社会愈来愈进步，大家共同缔造同体共生的美好世界。

◆过去一些印度学人请问佛陀一些哲学问题，诸如宇宙有界限吗？佛陀涅槃后去了哪里？佛陀大多是一言不发，请问大师这是为什么？

星云大师：你这个问题连佛陀都不回答，却叫我来代他回答，这不是让我为难嘛！

佛陀之所以不回答，是因为纵使回答了，你也不会了解，不会相信，所以不如不说。至于说佛陀涅槃后去了哪里，这我了解，我知道佛陀现在在那里！我们说，虚空有多大？虚空有尽没有尽？这要看我们的心，你的心有多大，虚空就有多大。空也叫虚空，茶杯有个空间，所以能装许多水；房子里空间很大，所以能容纳我们这么多人。佛经里一直讲虚空无尽、无边、无量；又说"心、佛、众生，三无差别"。心和佛没有差别，佛在无尽的虚空之中，甚至我们每一个人也是一样在无量、无边的大化之中（宇宙之中）。假如我们懂得，墙角的那棵树就是佛陀的法身；假如我们懂得，你的英语、他的笑声，就是佛陀说法的音声。如果你能悟道，则"青青翠竹无非般若，郁郁黄花皆是妙谛"；如果你没有悟道，纵使佛祖到了你的面前，你也会说："这个老和尚来干什么？"

举一个相似的小例子，在我一生当中，偶尔我在吃饭，感受到佛陀跟我一起在吃饭；我睡觉，也感受到佛陀跟我同在睡觉。这不是做梦，确实有这种感受。佛陀是一个，就相当于月亮在天上也是一个。这里有一杯水，就有一个月亮；有一盆水，也有一个月亮；一片大海，甚至大西洋里，同样也有一个月亮。所谓"千江有水千江月，万里无云万里天"。佛陀就在虚空里面。"有缘佛出世，无缘佛入灭，来为众生来，去为众生去。来也未曾来，去也未曾去。"所以，我们对于这个问题，应该从意境的升华来看，从出世的境界来看。

◆复制生命会产生什么问题？

星云大师：讲到克隆人，世间上无论什么东西，一切都是因缘所生法。克隆人、克隆牛、克隆羊，必定有它的因缘果报。如果没有因缘，就如一粒葡萄种子、西瓜种子，把它放在桌子上，它一定不会长出西瓜、葡萄。因为它需要有泥土、水分、阳光、空气等因缘；因缘聚合，它就会开花结果。

因此，根据我的了解，将来科学上无论发展再大，都不会超出佛学的"缘起法"。因为宇宙万有的一切，都是缘起所生法。这是"法尔如是"，是永恒不变的真理。

对于两千多年前佛陀所讲的业力、业报，主张自己的行为一定是由自己负责。现在讲基因改造，这不就是业力思想的申论？所以只要我们行善不造恶，这不就是基因改造吗？我说的只是名称不同，意义是相同的。

至于科学的研究发展，到目前为止，我感觉它还是不能超过佛陀最初所讲的宇宙人生的真理，只是一般凡夫往往不懂佛陀"缘起法"的甚深微妙。我们只讲"有缘千里来相会，无缘对面不相识"，这是很肤浅的认识。这与佛陀所讲的"缘起"道理，相距是很遥远的。所以我们也只有以客观的立场，再去虚心地探讨。

◆帮妇女施行堕胎，对一个信奉佛教的医生来说，适当吗？

星云大师：世间上的事情，没有绝对的是非、好坏、对错、有无。因此关于堕胎的问题，有人说不可以堕胎。现在假设我是一名妇女，不幸怀了一个残障儿，你们说不可以堕胎？但是当我生下了这个残障儿，我要养他几十年，你们能帮我养吗？不可以堕胎，你们能代表我说话吗？有位妇女早上醒来，先生上班去了，一个坏人敲门，她以为是先生折回，把门打开。坏人进来，强暴了这名妇女，并且妇女怀孕了。这时是生下小孩好呢，还是应该如何处理呢？我们能为她想个完美的办法吗？

世间上有很多的问题，不是法律、道德、舆论能够彻底解决的。可不可以堕胎，我认为这是母亲的事情，应该交由女主人自己决定，别人是做不了主的。一个女人堕胎，必定是有许多的辛酸，许多的压力，许多难以告人的痛苦。我觉得应该给妇女一些自主权，给她们宽容的同情。至于身为医师，不能完全站在职业上来考虑堕胎一次多少钱，每天能赚多少钱。假如每个医生面对这种事情，都能心怀慈悲，站在救护的立场来处理，结果就会不一样。慈悲可以消弭罪业，可以化黑暗为光明，可以让罪过变成生命，可以转邪恶成正当。心念一转，天堂地狱就不一样了。

◆佛教对艾滋病的看法如何？

星云大师：艾滋病是 21 世纪的黑死病，被认为是世纪人类的公敌。艾滋病的问题不单是在患者身上，而是因为它具有传染性，使得大家"闻滋色变"。不但对艾滋病产生恐惧心理，甚至对艾滋病患心生排斥。

根据统计，目前世界上有 3600 万左右的 HIV 带原者，平均每一天有 5 500 人死于艾滋病，每一天受感染的有 16000 多人。其中有 10% 被感染的都在南非，平均每 8 个南非人当中就有一个是带原者。这项统计让不少从事艾滋病预防工作的人士感到忧心，他们担心人类从非洲起源，未来也可能会从非洲毁灭！

为了挽救人类濒临灭种的危机，2001 年 4 月份，国际佛光会第三届第一次理事会议在南非召开时，会中不少理事提议，请佛光山法师到南非的南华寺举行水陆法会，希望通过佛法来杜绝艾滋病对人类的危害。当天这一项议案很快就获得与会大众一致的掌声通过。

艾滋病截至目前虽然还没有有效的治疗法，但是却可以加以预防与控制。而且我相信，再过一段时期以后，应该还是会有药物可以治疗，因为这个世间必定是一物克一物的。

至于如何看待艾滋病，基本上佛教徒不能带着轻视、歧视、藐视的眼光，应该以慈眼视众生。佛教是永远不会舍弃任何一个众生的，永远给予苦难众生关怀与仁慈，所以对艾滋病患当然也不会例外。

◆上班族每天面对许多压力，要如何消除压力？

星云大师：我们每个人，每天都背负很多的压力。身体上有老迈疾病的压力，心理上有贪、嗔、烦恼的压力。说到压力，不但自己制造压力，社会也会带给我们很多压力，诸如工作上的压力、课业上的压力、朋友往来的压力、家庭责任的压力等等。说起来人真的很了不起，生在这个世间上，负担多少的压力，有的人还能活得很逍遥、很自在，这是很伟大，很不容易的。

人生的价值、意义，就是坚强，就是与压力奋斗。把压力、障碍、烦恼打败，基本上就像修行。什么叫修行？就是与烦恼作战，把烦恼打败，那么我就能活得自在逍遥。各位也是一样，要与你们的工作、责任奋斗，让自己做个出类拔萃的人，让自己过得很舒服、很欢喜、很安然。其实不管在家、出家，都是为了活出生命的意义，只是生命的意义要怎样来创造？就看我们如何来消除压力。假如你问我怎样消除压力？我说："自我训练，自我充实，自我增强抵抗压力的本领；本领高强，压力自然就会减少。"比方说，我在社会上做事，你看我不顺眼，你不喜欢我，你欺负我，你打击我，这也是一种压力；但是我可以想方法改变这种压力。例如，你骂我混蛋！你质问我在这里干什么？你叫我站到旁边去！我如果跟你对骂，跟你打架，不一定能胜过你；我可能会用另外的方法。我说："是的！我混蛋！我很对不起你，我会听从你的指教，站到旁边去！"可能你炽盛的气焰立刻就会收敛一些，甚至你会同情我。你说我是示弱吗？不是！这是我用很大的修养，用很高的智慧，用很强的本能来超越你！

你我同在一家医院上班，你升了主任，升为主治医师，升为院长，怎么轮不到我呢？我不平，当然压力就会加重，就会活得很辛苦。不过我转念一想："惭愧！我的技术、我的人缘都不及他！他比我好，他是我的同事，他升级了，这是好事，我应该祝福他。"如此一想，多么欢喜呀！假如我的本领高，他确实不如我，他是逢迎、拍马得来的。我也不必心生不平，还是要想："他的缘分比我好，我的因缘、我的公关、我某一部分可能还是不如他。或者我不及他会讲好话。"如果你这样一想，可能就不会绷得那么紧，就能找到一个台阶下，何必自寻苦恼呢？我们每个人应该都是为了快乐而到人间来的，所以不要自找苦恼，要自我找寻快乐！

至于如何找寻快乐，就是没有压力。把压力、垃圾、重负都丢到一边去，心上的压力愈轻，人生就会活得更美好，人生的意义自然也就越大！

第二讲

佛教对临终关怀的看法

有生必定有死，生死是最自然不过的事。但凡人皆好生恶死，新生的喜悦常常令人忘记死亡的哀恸；而面对死亡时又往往过度沉溺在自己的悲伤之中，以致忽略了要去关怀临终者的身心状况。因此，如何使病人在临终时获得良好的身心照顾与关怀，这是死亡的尊严，也是"生命教育"的重要课题。

根据佛经记载，人在临终的一刻，关系着未来能否顺利往生，是上升、下堕的关键时刻，至为重要。但是，一般人遇到家中有人临终时，全家人莫不手忙脚乱，惊慌失措，茫然不知如何是好。病人本身更是害怕、恐惧，根本谈不上什么临终关怀。顶多只在病人病重时，随顺他想吃什么就买给他吃，想要什么就尽量满足他。但是到了这个时候，病人往往是什么也吃不下，什么也不想要了。

近年来由于医学及人文思想发达，尽管先进的医疗技术已能缓解许多过去所谓的"绝症"，大大延长了人类的寿命，却也因此让许多人面对"老、病"之痛的时间增长。尤其现代的医学即使再发达，仍然有它的终极限度，最后还是免不了"死亡"的结果。于是，现代人终于意识到，对生命的关怀应该从出生到死亡，从身体到心灵，因此有"安宁病房"的兴起，并且将"临终关怀"当成一项生命的课题来研究、讨论与推广。

现在社会上有很多医院都设有安宁病房，对临终者提供最后的服务。其实佛教很早就有临终关怀的机构，就是设在印度祇洹精舍的"无常院"，目的在使病患能兴起往生西方极乐世界之想。这是根据弥陀净土法门的思想而来。中国的禅林更设有"安乐堂"或"涅槃堂""喜乐塔院""安养中心"等，内设堂主，职司看护病僧的工作。现在的寺院则设有"如意寮"或"安宁病房"，专为病患服务。可以说，佛教是最早提出"临终关怀"的创始者。

佛教从古到今，对于人的生、老、病、死，一直是从教义上指导人们正确认识生命的本质、生命的实相、生命的意义、生命的轮回；希望从认识生死，进而坦然面对生死。另外，在实务应用方面，佛教除了有内容详实的医学经典，有医术造诣精深的医僧，佛教徒更办有各种医疗服务的慈善事业，为现实人生提供实质的帮助，达到从生到死、从身到心的究竟、积极之关怀。这些都足供今日从事"临终关怀"者参考。

佛教对"临终关怀"到底有些什么见解与做法？2001 年 6 月 15 日，星云大师应邀到成大医学院讲演，除了发表对"器官捐赠"的看法，还针对"临终关怀"问题，与两百多名师生进行座谈。以下是当天的座谈记录。

◆生死问题，古今皆然。但是"临终关怀"何以直到今天才成为当代的社会问题？到底"临终关怀"的意义是什么？请大师开示。

星云大师："临终关怀"，是一门新时代的新兴学科，是结合医学、宗教、法律、伦理、哲学、道德等各领域的现代生死学。其主要目的在使临终者面对人生最后阶段时，借由良好的医疗照顾及宗教信仰的力量引导，能认识死亡并接受死亡，心中不生忧怖苦恼，进而安然面对死亡；同时也给予家属精神上的支持与鼓励，协助度过此一生离死别的时刻。

"临终关怀"一般又称"安宁疗护""安宁照顾""缓和医疗"等，所照顾的对象以罹患癌症等重病，经医师诊断确定无法治愈而濒临死亡的临终患者为主。病患可以住进医院的"安宁病房"，也可以在家中由医护人员居家照护。不管是居家照护或住进"安宁病房"，并不意味着等死，一样能受到完整的医疗服务，只是所做的医疗并不一定以延长寿命或苟延残喘为目标。

"临终关怀"所强调的是"四全照顾"：

第一，全人的照顾。全面照顾到病人的身心状况，而非只针对他的病况或某一器官来医疗。

第二，全家的照顾。帮助家人及亲友学习照顾技巧，并协助家人一起面对亲属即将离去的悲伤。甚至病人往生后，家属的心灵辅导，也是安宁疗护的工作范围。

第三，全程的照顾。除了陪伴病人到生命的最后一刻，乃至病人往生后，辅导家属度过低潮期也是临终关怀的范围。

第四，全队的照顾。结合医师、护理师、药师、营养师、物理治疗师、心理师、法师、牧师、神父、修女、义工等成员，提供最完整的身心疗护。

值得一提的是，人在临终时，特别关心死后的去处，因此佛教的净土思想、三世轮回、生命不死、因果业报等道理，此时都成为病人与家属最佳的心灵救护。

尤其在过去一般人的观念里，总认为"尽量延长患者的生命"，是医生唯一的使命。其实死亡也是生命的一部分，不管医学怎么发达，人终究还是免不了一死。所以面对罹患重症、濒临死亡的病人，如何通过医疗和信仰，帮助病患解除身心的病痛，在人生最后的阶段能够活出"有品质的生命"，才是临终关怀的最大目标。

"临终关怀"起源于英国的西西里·桑德斯女士，她在1967年于伦敦创办了全世界第一家对癌症末期病人有特殊服务方案的圣克里斯多福安宁医院，之后得到英国女王的大力资助，成为教育示范中心，接着分布到全英国。八年以后，圣克里斯多福安宁医院的一组人员到美国，帮助美国建立了第一个有安宁疗护的医疗机构。1990年2月，台北马偕医院淡水分院成立了台湾省第一家"安宁病房"；同年12月成立"安宁照顾基金会"。

目前在一些国家地区，由于人口老龄化，人们对有尊严的死亡之关注，以及各种机构在临终方面费用的增加，使得临终关怀的发展极为迅速。反观在台湾，一直到近年来由于现代人罹患癌症的人数愈来愈多，而多数癌症患者到了后期都会出现剧烈的疼痛，所以需要住进安宁病房接受缓和疗护，这时"临终关怀"才普遍受到大众的重视。

根据台北马偕医院安宁缓和医疗教育示范中心主任赖允亮引述的一项统计："台湾地区癌病死亡之人数自1982年起即占死亡人口第一位，尔后癌病死亡人数节节上升。例如1986年16558人，1991年19628人，1993年22323人，1994年23240人，1995年25841人，1996年27961人，1997年29011人。其中大多数的人皆应接受安宁疗护。"根据赖主任的估计，若以每10万人就有100～180人罹患癌症来看，每年至少有10 500～18900人需接受临终关怀的安宁疗护。而台北荣总呼吸治疗科主治医师郭正典则认为，台湾每年有11万病人需要临终照顾。

其次，台湾地区临终关怀意识兴起的另一个原因是，随着社会结构变迁，现代家庭已由过去三代同堂、五代共住的大家庭，转型为人口简单的小家庭；居家环境也由宽敞的三合院、四合院，转为坪数不大的公寓大楼。所以现代人生时固然"居不易"，死了停灵也是一大问题。甚至不仅在大楼的住家不好死，留在医院也不能安心，因为医院的病房费用昂贵。即使有钱人住得起医院，多数人也不欢喜孤零零地死在机器与管线围绕的加护病房中，因此"安宁病房"便随着时代的需求应运而生了。

再者，现代人由于从大家族转型为小家庭，大家平日分居各处，亲情愈来愈淡泊，所以当一个人面临生死关头的时候，应该鼓励子女对至亲家人给予一些临终的关怀与照顾。如过去的病榻守夜、侍奉汤药，以恪尽人子之道，这是值得提倡的好事。

总之一句，临终关怀是对生命的尊重，是对旧情的怀念，是对恩义的回报。现代医学发达，虽然有助于延长人类的寿命，但是老人问题、社会老化等现象，都让举世倍感压力，所以对于临终关怀的办法纷纷出炉。例如，预约净土、生前契约、储蓄养老、预立遗嘱等，使得社会一下子延伸出许多新兴行业来，安宁照顾也是其中之一。

其实，生命不是临终的时候才需要关怀，生的时候就要给予照顾；甚至临终关怀也不是只对临终病人所做的医疗照护，而是对广大社会大众施以一种广义的死亡教育，让人正视生死问题，而不是一味地逃避不谈。因为有生必然有死，临终一刻是每一个人必然要面临的。既然人人都或早或迟要步入不同性质的临终期，就应该早作准备，尤其是精神与生理上的准备。

即使说"临终关怀"是针对即将死亡的病人所做的关怀，也不应该只是在安葬遗体，处理完后就算结束，而应该对其精神事业，及其后代子孙继续给予应有的帮助，让其"死得安心""死得瞑目"。所以"临终关怀"不在于关怀生命活得多长，也不只是关怀死时的情况或死后的安葬问题，应该关心的是死后的去处，死后的安心。这才是临终关怀的真正意义所在。

◆刚才大师说，生命不是临终时才需要关怀，生的时候就要给予照顾，现代社会因医药、科技发达，人的寿命延长，高龄化的社会带来的"老人问题"，已然成为举世共通的问题。请问大师，如何才能帮助老人安度晚年的生活呢？

星云大师：谈到老人关怀，不但"社会老龄化"是现在举世共通的问题，"独居老人"更是亟待解决的社会问题。现在有很多老人不仅生前乏人照顾，有的人甚至死后多日才被邻居发现，真是老境凄凉，情何以堪！

老人最怕孤独，不能单独生活，就如小孩子不能让他单独留在家里。现在所好者，社会上有托儿所，也有托老所。尤其现在有许多外籍劳工，菲佣、越佣、印佣等，他们除了帮助所在国开发建设外，也做了许多老人的侍者。但是，老人纵然有儿女请来的外籍仆佣照顾，心灵上还是很孤独，没有依靠，缺乏安全感。所以老年人最需要的是"精神安慰"和"生活照顾"，其次才是"经济帮助"。中国社会过去讲究晨昏定省，承欢膝下，能对老人嘘寒问暖，随时表达关怀，还是很重要的。

中国过去一向以"礼仪之邦"自居，中国人是个非常重视伦理孝道的民族，但是曾几何时，现代人的孝亲思想已大不如前。所谓"人心不古"，尤其"久病床前无孝子"。多年前我曾因开刀住进荣总医院，在医院短短几天，看到"病房百态"，感触很多。

例如，在儿童病房里，父母每天都在一旁照顾，而老人病房里却难觅子女的身影。也有一些子女难得到医院探望父母，手上却带着录音机，不问病情，只问："要给多少遗产？房子要给谁？财产怎么分？"等把话录好，掉头就走了。有的病人则是送到医院时，儿媳一大堆跟着来，过世时，却一个也没到。真是"只有慈心爹娘，没有慈心儿女"。所以，老人如何安养天年？自己也要有所准备，凡事应该在有生之年就早作安排、交代。尤其对于财产的处理，最好生前就能预立遗嘱，有的捐给国家社会，有的捐助公益团体，有的分给儿女。只要自己心甘情愿，早一点处理，免得最后儿女因为互争财产而兄弟阋墙，甚至自己也无法入土为安。像多年前的一位水果大王不就是这样吗？

老是生命循环的自然现象，经典中记载，人老的时候，因盛色、气力、诸根、寿命等境界衰退而令人感到苦恼。但是所谓"家有一老，如有一宝"，老人的经验、智慧，都是无价的财宝，应该传承给下一代，所以社会应该重视老人的智慧与经验。

在佛经里有一个"弃老国"的故事。

话说在弃老国里，有一条荒谬的规定，凡是老人都必须驱逐到远方抛弃，不可以养在家中。因为国王认为老人是多余的，既不能做事又浪费米粮，所以在这个国家里，举目所见都是身强力壮的年轻人，却看不到任何一个老人。

有一位大臣很孝顺，眼看父亲年老，如果依国家规定，应该驱离出境，但是他不忍心把老父亲流放山林，就瞒着亲友邻居，偷偷地挖了一个地窖，把父亲藏在里面奉养。

后来这个国家的作为触怒了天神。天神想要施以惩罚，就以四个问题来为难国王。结果举国上下无人能解答问题，眼看即将受到天降灾难，所幸靠着这个老人的智慧而拯救了全国。所以后来国王下令，全国不得弃养老人，要尊敬、孝顺、奉养老人；如果有不孝父母，不敬师长的人，都要治以大罪。从此弃老国因为有老人智慧的传授，变得越来越富强安定。

年老的人最大、最宝贵的特长就是他们的人生经验丰富。这些经验常常就是处世的智慧，也是国家社会最珍贵的宝藏！所以老人们应该展现生命的智慧，自己要懂得如何安度晚年，这是很重要的。

老人如何才能老而不惧？我有一个"养老十法"提供给大家参考：

（一）早起十念法。一早起床，心中称念佛菩萨圣号，让信仰成为心中的寄托和希望。

（二）晚睡一炷香。晚上睡前静坐十或二十分钟，令心平静。

（三）饭前五观想。吃饭时心怀感恩，保持欢喜愉快的心情，多食清淡食品，不要增加肠胃的负担。

（四）生活要放下。思维一生的功名、情感、得失，如过眼烟云般不实在，而逐渐放下执着。

（五）老死不可怕。死如更衣，如搬家，如睡眠；色身虽坏了，但真心佛性不减。只要积极培福，增长慧命，必有光明的未来。

（六）心中常忏悔。人非圣贤，孰能无过？人到老年，多少会反省一生中的过错，而深感懊悔和遗憾；若能真心忏悔，就像清水洗涤过一样，人格便能升华，心中也能坦荡。

（七）布施能喜舍。人到年老，总觉得身边要有钱才有安全感，或者预留财产给子孙。事实上，"万般带不去，唯有业随身"；若遇不孝子孙争夺财产，情更难堪。何妨将身外之财用来广施十方，厚植福德，来生得生善处，也能庇荫子孙。

（八）发心肯服务。退休后，生活空间更广，时间更多，可发心投入义工行列，为人服务，以扩展生活领域，更可与人广结善缘。

（九）幽默常欢笑。人云"一笑解千愁"，时常保持开朗欢喜的心情，不但有益于身心的和谐与平衡，更能为人间增添欢喜。

（十）健康要运动。"饭后千步走，活到九十九"，运动可以活络筋骨，让身心活动起来。

老人最重要的是，要会安排生活，平时要会念佛、看书，身体好的人可以到处旅游，最少要欢喜与人谈话、莳花植草等，培养多方面的兴趣，自能安度晚年。

老人尤其要保持心情的愉快，对未来要充满希望。若能早晚念佛，从信仰中获得心灵的寄托，当面对死亡时，能够心不贪恋、意不颠倒，无有罣碍、无有恐怖；能因信仰而度脱苦厄。这是安度老年生活最好的方法，也是儿女对老人最大的关怀。

过去我曾提出"四等防老"的方法：

（一）经济方面：多方开源节流，为自己储备养老金。

（二）健康方面：常运动、生活作息规律、注意营养的摄取等。

（三）信仰方面：拥有正知正见的信仰，不仅在心灵上有所归依，精神上有所寄托，同时还能广结善缘，结识许多同道好友。

（四）兴趣方面：妥善安排休闲活动及兴趣的培养，拓展生活圈。

另外还有"四等养老"的方法：

（一）第一等养老：要修好缘来养老。

（二）第二等养老：要靠智慧来养老。

（三）第三等养老：积聚金钱来养老。

（四）第四等养老：依靠子孙来养老。

老人固然是要靠智慧、靠自己结好缘来养老最好，但儿女孝养父母，也是天经地义的事。不过莲池大师在《缁门崇行录》里提到，孝顺有三等："生养死葬"，只是小孝；"荣亲耀祖"，是乃中孝；"导亲脱苦"，才是大孝。在佛教的《本事经》及《孝子经》也一致说道："能开化其亲，才是真实报父母恩。"《毗奈耶律》也说："父母若无信，则使起信心；父母若无戒，使住于禁戒；父母性悭吝，则使开智慧。为子能如是，始足报亲德。"所以我们关怀老人，孝顺要从这三点同时进行。给予甘旨奉养，给他心情愉快，给他念佛信仰，让他对未来有得救的希望。这才是对老人真正的关怀。

◆人在生病时身心特别脆弱，这时往往比较容易对宗教产生信仰。请问大师，如何帮助病人借助信仰来安定身心？甚至如何探病才是如法？

星云大师：人，只要有生死问题，就需要佛教。尤其有病的人，更容易接受信仰。多年前，香港一位有名的书画收藏家高岭梅先生，在他八十一岁高龄的时候因病住院。期间他通过家人电话联络，希望我能到香港为他主持皈依三宝仪式。然而当时因为我的行程已经排满，一时之间无法抽空前往，于是我采取权宜之计，以越洋电话为高老先生在病床上作了一次皈依。

高老先生虽然一直到人生最后才想要皈依佛教，时间上是稍嫌迟了一点，但也可见人生到了最后，都很希望知道自己未来的去处。另外，钻研大乘佛法，对华严哲学多所贡献的一代文哲方东美教授，到了晚年也选择皈依承天寺的广钦老和尚。由此可知，人的智慧再高，最后还是需要寻求佛法的信仰。

信仰是人生的终极追求，没有信仰，生命就没有依皈。

中日甲午战后，日本首相陆奥宗光有政务离家远行。正要出发时，女儿不幸染病在身，他嘱咐家人，没有重大的事故就不必通信。

正当政务处于紧要关头时，家书来了，说女儿病况严重，希望见父亲最后一面。

外相伊藤博文安慰他说："你放心回去好了，这里的一切我来负责处理。"

陆奥宗光于是披星戴月赶回家里，奄奄一息的女儿见到盼望已久的父亲回来，很高兴地说："父亲！我就要和你永别了，但是我有一个问题一直梗在心中，等着您回来替我解答。"

"什么问题，你说好了。"

"我现在就要死了，我死了以后要到哪里去呢？"

身为政治家的陆奥宗光，虽然博学多闻，但是对于女儿临终前的问题，竟然不知如何回答。不过他毕竟才智过人，就安慰女儿说："死后去哪里，我是不知道。不过我经常看你母亲在念佛，我想佛陀会带你到一个很好的地方去。"

他的女儿听到此话，带着安详的笑容离开了人间。陆奥宗光因为没有办法解答女儿的疑团，于是开始研究佛教，终于选择了佛教的信仰，并且出家当了和尚。

这段故事说明，陆奥宗光的女儿懂得以信仰为生命的皈依，即使面临死亡也很安乐，毫不畏惧。一个人出门在外，天色黑了，不知将要住宿何处？这种无家可归，徘徊在十字街口的痛苦，是难以忍受的。信仰如同我们的家；这个家，使我们的生命有所依靠。

至于说如何探病才是如法？佛教讲"探病第一福田"，探病也是一门学问。首先，探病的时间要适当，不能太早、太晚，停留的时间也不宜太长。和病人谈话的音量要适中，内容更应谨慎、得当，例如不宜谈论刺激病人心情的人、事、物等，以免病人情绪反应过度；不与病人争执或辩论；不应教训病人，应说充满希望的语言，给予病人鼓励。病人焦躁不安时，可随机说法，使其心灵得到安慰，或者耐烦倾听病人的心声，纾解其心中的悲苦。偶尔可以阅读报章杂志、文章或说些趣事给病人听，以排遣其病中的寂寞。

此外，进入病房时，表情应自然，切忌忧伤哭泣，以免影响病人及其家属的心情。最重要的，要心怀慈悲，真诚关怀，并应启发病人对佛教生起信心，让他知道这期生命的结束，不是死亡，而是往生；能把往生的信念带给他，鼓舞他对未来的希望；让他明白世缘已了时，要能心不贪恋、意不颠倒，千万不要回忆、留恋、罣碍、执着，能随着一句佛号安详往生，才能解脱自在。

总之，探病时切忌说一些恐怖、消极的话，以免增添病人的不安。

◆生老病死既是人生必经的过程，我们如何才能坦然面对"人生之最后"？尤其当自己至亲的家人病危时，应该如何沉着面对呢？请大师开示。

星云大师：人生之最后，中国人有一句话叫"节哀顺变"。但是家中一旦有个亲人往生，整个家族还是会笼罩在一片哀伤、悲戚的气氛中。尤其愈是亲密、感情愈好的亲人往生，愈会感受到"爱别离"之苦。

经典中有一段记载，波斯匿王在祖母去世后，极度哀伤，请佛陀说法，佛陀告诉他，世间有四件事甚可怖畏：

（一）有生就会老。

（二）病了就容颜枯槁。

（三）死后神识会离体。

（四）死后就要永别亲人。

世间凡事都靠因缘而存在，缘聚则生，缘灭则散，即使亲如父子母女，一旦缘尽，终要分离，所以人要把握有缘时，好好相携相助。尤其当父母健在时，就应该好好孝顺，千万不要等到"树欲静而风不止，子欲养而亲不待"时，徒留遗憾。

死，虽然是令人感伤的事，但生老病死是人生必经的过程。病了要死，死并不可怕，反而是病时的痛苦、病时的挂念、病时的烦恼，都比病还要可怕。所以当一个人生病时，医药固然可以减少病痛，但如果世缘已了，儿女其实也不必在他垂死的生命中，再通过医疗仪器给予勉强的抢救。因为人生在世，有生必然有死，生死是人人都免不了的问题。如何让病者身心安乐，无苦而终，才是最实际的一种做法。

因此，病人一旦进入弥留之际，家人应该沉着冷静、坚强勇敢地面对，最好在病人病危时为他说法。有鉴于此，我除了手拟《为老人祈愿文》《为绝症患者祈愿文》《探病祈愿文》之外，也作了一篇《临终祈愿文》，由病者亲人代病者诵读，好让亲人与病者都能够安然面对：

慈悲伟大的佛陀！

我病了，

病得很久，

病得很重，

我请人代我向佛陀您祈求：

在我生命的最后一刻，

我自知世缘将尽，

我不再牵挂亲友，

我不再执着身心，

我也不再追悔过去，

我也不再妄求未来。

当我流动的呼吸缓缓地减慢，

当我跳跃的脉动渐渐地转弱，

当我眼耳和鼻舌停止作用，

当我身体的器官不再运行，

我像远处归来的游子，

乘着金色的莲华，
回到光明极乐的净土。
慈悲伟大的佛陀！
我要将我所有的骨髓血肉，
还给天，付于地，
随着大自然的运转，
化作熏风和养分，
年年月月滋长万物。
我要将我所有的全部心意，
施于众，施于人，
奉献给佛法僧的周遭，
化作一瓣香花，
时时处处地供养十方。
让憎恨我的人，
得到我的祝福；
让爱护我的人，
分享我的宁静；
让欣赏我的人，
散播我的善行；
让想念我的人，
延续我的愿心。
慈悲伟大的佛陀！
我终于了然：
生命如坚韧的种子，
花落果成，生灭不息。
因此，亲友悲伤的泪水，
不再是爱结缠缚。
慈悲伟大的佛陀！

我终于可以听到：

生命如涓涓的流水，

法音清流，绵绵不断。

于是，展望未来的前途，

不再是茫然空无。

我终于洞然明白：

此时此刻，

我只是短暂的告别。

在诸佛菩萨和诸上善人的接引之下，

未来的生命，

希望我有乘愿再来的机缘。

慈悲伟大的佛陀！

尘缘已了，世缘已尽。

在我生命的最后一刻，

如游子回家的欢喜，

如囚犯释放的自由，

如落叶归根的自然，

如空山圆月的明净。

慈悲伟大的佛陀！

请您接受我至诚的祈愿，

请您接受我至诚的祈愿。

佛门对于"死"，有一套情理兼顾的处理方法：

（一）在病重时，登门探病，与病者及家属谈论佛法，安抚身心，甚至可诵经祈福，作忏消罪。若因此康复，则前往道贺，并且观机逗教，举事证理。

（二）在临终乃至往生时，为其助念，使之安然离去。

（三）往生后七七日内，乃至出殡送葬，家属可为亡者诵大乘经典，增添功德以为往生资粮。

总之，生老病死是人生必经的过程，生了要死，死了要生，生死是圆环形的。死亡不是消灭，也不是长眠，更不是灰飞烟灭，无知无觉，而是走出这扇门进入另一扇门，从这个环境转换到另一个环境。经由死亡的通道，人可以提升到更光明的精神世界里，因此佛经对死亡的观念，有很多积极性的譬喻，例如：死如出狱、死如再生、死如毕业、死如搬家、死如换衣、死如新陈代谢等。此外，净土宗称死亡为"往生"，既是往生，就如同出外旅游，或是搬家乔迁。如此死亡不也是可喜的事吗？所以，死亡不足惧，死亡只是一个阶段的转换，是一个生命托付另一个身体的开始。

再说，人生的意义不在于寿命的久长，色身虽然有老死，真实的生命是不死的，就如薪火一样，赓续不已。虽然世间万象有生住异灭，生命也有生死轮回。尽管天上人间，去来不定，但是我们的真心佛性是永远不变的。因此，人生重要的是，要珍惜每一期的生命，要为自己的生命留下历史，留下功德。而家属在缅怀亲人之余，应将他的懿德嘉行承续下去，把他的慈悲遗爱人间，这才是对家人真正的怀念。

◆现代医学发达，透过"器官移植"已让许多垂死的生命得以继续存活。但是"器官捐赠"的思想却一直无法普遍推行于全民。请问大师，如何打破中国人一向有的"全尸"观念，让大家正视捐赠器官的神圣性？

星云大师：器官移植是近代医学科技的一大成就，器官移植让许多生命垂危的人得以延续躯体的生命，也让捐赠者的慈悲精神得以传世。但是因器官移植所引发的诸多争议，也是目前社会大众一致关心、探讨的话题。

关于"器官移植"，台湾的《人体器官移植条例》早于1987年6月19日就公布施行，随后于1993年修正部分条文，其中第六条规定，医师从尸体摘取器官时，必须是在：

（一）死者生前以书面或遗嘱同意。

（二）死者最近亲属以书面同意。

（三）或死者生前为捐赠之意思表示，经医师二人以上之书面证明者。

以上三者，必须符合其中任何一项，才能进行"器官捐赠"。

谈到器官捐赠，其实身体不是"我"的，身体乃四大假合而有，就如旅店般供我们今生暂时居住而已。所以我个人认为，当一个人的生命走到尽头，与其让身体被虫蛀、腐烂，不如将有用器官加以移植，让别人的生命能够继续延续。

一篇名为《如果你要怀念我》的文章说得很好："总有一天，我会躺在医院的白色被单下；总有一个时候，医生会认定我的脑功能已经停止。那表示，我的生命已经结束。那时候，请千万不要称呼那是死亡之床，而请称之为生命之床。因为我要将我的身体拿出来帮助别人，延续并让他们有更丰盛的生命……"

捐赠器官含有生命延续、内财布施、资源再生、同体共生等意义。试想：当你捐出一个眼角膜，就能把光明带给别人；当你捐他一个心脏，就能给他生命的动力；当你捐赠骨髓，就是把生命之流，注入他人的生命之中，所以真正的生命是不死的！身体虽有老病朽坏的时候，但生命如薪火相传，是永恒无限的。通过器官捐赠，带给别人生机，也是自我生命的延续。

然而尽管现代医学发达，通过"器官移植"可以让许多垂死的生命得以继续存活，但是由于器官取出要在宣布脑死到器官坏死的短短时间内进行，而中国人一向有保有全尸及死后八小时不能动的老旧观念，因此"器官捐赠"的思想一直无法普及国人，造成台湾地区的器官市场一直呈现供需失衡的现象，有许多人需要移植心脏、肝脏、肾脏等，却苦等不到有心人捐赠，造成许多的遗憾。

反观全世界器官捐赠率最高的西班牙加泰隆尼亚自治区，当地的人认为：今天我把器官捐赠出来给需要的人，有一天当我的亲友需要移植器官时，同样也会有人愿意捐赠。他们这种心态，可以说真正符合"同体共生"的思想，值得国人学习。

为了建立"器官捐赠"的新观念，台湾"器官捐赠中心"特别成立"倡导教育中心"，通过公益广告、文宣制作、街头倡导、公共电视、邮票发行及推动"器官捐赠周"等活动，希望能落实全民器官捐赠的观念。

其实，一个人活在世间，难免都有缺陷，何必要求死后一定要"全尸"呢？再者，一个人只要有愿，有心把自己的身体布施出来利益别人，就不怕因器官摘除而因痛生嗔，造成无法安详往生极乐净土的顾忌。所以对于死后八小时不能移动身体，甚至不能捐赠器官的这种观念，早已不合时宜。现代人的思想应该随着时代而进步，应该正确地认识生死。

我们如何看待生死呢？

其实生死如植物的开花结果，春天播种，秋天收成；"早上出去，晚上回家"，"晚上睡觉，早晨起来"。人不是到了死后才是死，在精神上、思想上，每天不都有几百次的"千生万死"吗？我们的心，每天都在十法界来回无数次，不都是生死吗？甚至人体的细胞，每七天新陈代谢一次，不都是生死吗？现在的人眼睛坏了，可以换一个；皮肤坏了，也可以移植；肾脏坏了，还可以再换一个。所以，生死就是好好坏坏，生生死死。过去一位禅师看到人家喜获麟儿时说："你们家多一个死人。"这不是在触他的霉头，而是在陈述生命的实相。

生死只是有一个"隔阴之迷"，就是换了一个身体就不知道了，记不起来以前的事了。就如去年收成的黄豆，今春种下去，今秋又再收成，这一颗黄豆不知它是去年的黄豆。从前世到今生，从此生到来世，只是形躯不同，实际上彼此并非没有关联。

禅宗讲要看破生死，佛门讲要了脱生死。了解生命的意义，解脱死亡的恐惧，就是了脱生死。所以关于器官移植，当一个人老了、死了，器官于己无用，但却能延续别人的生命，是多么美好的事，何乐而不为呢？我自己早在三十年前就已认签器官捐赠同意书，我也希望大家一起响应这项庄严神圣的活动，希望社会愈来愈进步，大家共同缔造同体共生的美好世界。

◆**目前社会上吹起一股购买"生前契约"，或是预立遗嘱的风潮，由自己在生前就把后事安排好，以便临终时能心无牵挂地往生。请问大师，对此有何看法？**

星云大师：人生在世，有很多事都不是自己所能预知或掌控的，尤其"生死无常"。但是，人固然无法掌控生死，却能为自己的身后事预作安排。现在流行的"生前契约"，就是因应现代人希望为自己的后事预作安排而兴起的新兴行业。

所谓"生前契约"，即活着的时候，由自己或家人预先与殡葬业者签订契约，于生前购买好死亡时的丧葬仪式，为将来的死亡预作准备，也就是替自己的身后事买好人生最后的一张保单。

"生前契约"这种业务在国外早已行之多年，只是过去国人大都忌讳谈"死"，所以直到近几年来才在国内普为大众所接受。自从推出以后，市场反应热络，极具商机。这种风气的流行，可以说是现代人观念上的一大突破，显示大家已不再禁忌谈论死亡的话题。目前国内生前契约的销售形态大致可分为三类：

（一）保险公司将本身的业务与生前契约的特色结合在一起，推出具有生前契约性质的寿险保单，或是与保户约定把一部分的保险金以信托的方式，来支付殡葬费用，以提高各公司在市场上的竞争力，以增加保单的附加价值。

（二）保险公司与生前契约公司合作，将消费者的身后事委交由生前契约公司来办理。

（三）一般的殡葬业者借由业务员直接销售的管道贩卖生前契约。

"生前契约"其实是生涯规划的延伸。所谓"生死事大"，生的时候如何活得自在、活得充实、活得有意义，固然重要；死时能安心、放下，了无牵挂地走，也应该早作安排，预先规划。所以买"生前契约"就像买一张"安全卡"一样，可以求得心安，未尝不好。

问题是，世间上任何一种商业行为，难免有利益冲突，有了利益冲突，就会有纷争。因此尽管业者标榜生前契约有诸多好处，例如：

（一）以低价分期，负担小。

（二）有价契约可以转让他人使用，亦可视为可望增值的有价证券。

（三）可预约自己想要的宗教仪式，保障人生的最后一道尊严。

（四）一通电话，由专业人士接手，省去亲友不知所措的窘境。

（五）死后不必让家人为了一笔不可预算的费用，而造成家人的二度伤害等等。

但是，"生前契约"牵涉很广，其中还有法律问题。例如，如何兼顾亡者的意愿、家属的习惯、信仰、传统习俗及业者的利益；执行时以谁的意见为主；乃至签约后能否解约退款，这种种问题经常造成纷争不断。甚至不少不肖业者借此吸金、卷款潜逃，衍生诸多社会问题。所以，生前契约虽然有其时代性与需要性，但最好是由宗教人士来办理，不要用商业的行为来处理。另外，现代人有的对自己的子孙有特别的信念，或者因为信仰不同，所以预立遗嘱，对自己的身后事，包括财产的分配、丧葬的处理方式等，自己早作安排、交代，以免日后造成子孙的纷争。这本来是很看得开、很洒脱、很豁达、很有远见的好事，但是，不管预立遗嘱，或是订定"生前契约"，还是会造成诸多的纷争，并不必然就很圆满。

例如，你预立遗嘱，也许你的财产太多，儿孙还是要纷争；你订定契约，如果业者不讲信用，或是双方对所约定的内容认知不同，尤其从签订契约到业者履行契约的时间，可能长达数十年，这中间随着社会的变迁，必然存在着很多难以掌握的变量，实非一纸契约所能完全保障。

再说，人生的意义不在于死后有人埋葬、送终就是圆满，人生应该要为社会留下贡献，为自己留下历史，为亲人留下怀念。人虽然有生老病死，但是真正的生命是永恒不死的。过去中国人有"养儿防老"的观念，有的人自己没有生养，也总要想办法去认个干儿子，收养个义女，以期老来有人孝养、送终。

但是常言道，"久病床前无孝子"，有的不肖子孙不但不懂得回馈奉养，甚至希望父母早一点死亡，以便早日分得遗产。所以老人不能太有钱，最好是有德、有智、有缘。这是养老的最好方式与身后的最佳保障。

老年人随着年岁的增长而得到的学识与经验，这是年轻人所不及的。老来如能摒除外缘，多写几部好书，把自己的人生阅历、学识经验，乃至技能诀窍等传授给后学，甚至告诉后辈怎样做好人，如何做好事，并以丰富的做人处事经验点化人心，自然能赢得大众的肯定，何愁老来成为孤独老人呢？

除懂得靠智慧来养老以外，还要懂得结缘。人与人之间，是靠缘分在维持关系，因此人际关系其实就是因缘法。俗语说："有缘千里来相会，无缘对面不相识。"世间上最宝贵的就是广结善缘。平时懂得护持佛教事业，老来乃至往生后，寺院自然会回报你；平时能够投入公益事业，加入义工行列，主动关心贫弱孤苦，以爱心、欢喜心培养好的人际关系，老来自然不必烦恼没有朋友，不必担心被社会人群所遗弃。

所以，一个人最好的保障是结缘，死后让因缘来帮助你。平时我们要找人帮忙很困难，但是只要自己生前多结缘，因缘就会主动来找你。因为自己生前有结缘，死后与你有缘的人自然会来与你结缘，这是最好、最能解决问题的方法。反之，不肯结缘，即使留下再多的遗产给子孙，可能到最后连送葬、念佛的人都没有，所以广结善缘是人生最美好的事。

总之，生，要生得欢欢喜喜；死，也要死得欢欢喜喜；不管做什么事，能皆大欢喜，就是最美好、最圆满的事。因此，与其通过"生前契约"来规划身后事，不如广结善缘最为圆满。

◆根据佛经所载，人因业力不同而有善终、寿尽、横死、夭亡等死法，佛教也说"死如乌龟脱壳"。请问大师，死亡真的很可怕吗？

星云大师：死亡是历来人们最忌讳谈论的问题，但是随着时代进步，现在"生死学"已经成为热门的话题，并被视为人生必修的一门功课。例如佛光山在 1996 年创办的南华大学即首开风气，率先设立"生死学研究所"，随即引起热烈讨论，'历届报考十分踊跃，包括教育界、医护界、宗教界、社工人员等，竞争之激烈，不下于热门的理工系所。

南华大学生死学研究所的设立，可以说写下了国内教育史上划时代的一页。该所隶属于人文学院，院长慧开法师亲自开讲过"宗教传统与生死探索""生死学基本问题讨论""生死学英文名著选读""生死学概论"等课程。他的学术专长及研究专题为"宗教哲学""宗教生死学""生死学概论""生死学基本问题讨论"等，带动大家对生死学的重视。

生死学的研究，早在1974年7月《纽约时报》报道，当时全美国已经有165所大学院校，开设了以"死亡与临终"为主题的通识教育课程。有些学校更将其纳入通识教育的核心课程，开课的历史已达二十年以上。

其实，生死一直是人生最密切的课题。人间最大的问题，一是"生"的问题，二是"死"的问题。生要居处，死要去处；有的人为生辛苦，有的人为死挂念。佛学就是生死学，例如观世音菩萨"救苦救难"，就是解决生的问题；阿弥陀佛"接引往生"，就是解决死的问题。只是因为人有"隔阴之迷"，换了一个身体就不知道前生后世，因此自古以来对生死茫然无知，这成为天下最难解决的问题。

谈到生死，经典里将死亡分成四大种类：寿尽而死、福尽而死、意外而死、自如而死。

"寿尽而死"就是自然死。当一个人体能衰竭，例如肾衰竭、心脏衰竭等，身体的器官失去功能，就如老旧的车子不能快跑，又如破损的桌椅不能使用，这时就是油尽灯干、寿终正寝的时候了。

"意外而死"系指遭受意外灾祸而死亡，一般称为"横死"。根据《药师琉璃光如来本愿功德经》说，横死有九种：（1）得病无医；（2）王法诛戮；（3）非人夺精气；（4）火焚；（5）水溺；（6）恶兽啖；（7）堕崖；（8）毒药咒咀；（9）饥渴所困。

所谓"横死"，例如山崩土埋、葬身鱼腹、被虎狼所噬、空难等；看起来不忍，但随着业报现前，刹那之间很快就断气了，没有拖延，也算善终。反之，有的人在医院里缠绵病榻，插管维生，难道就是好死吗？所以对于横死、善终，应该从另一个角度来看。

人都希望得好生，更要求得好死。佛陀的十尊号之一"善逝"，说明"好死"也是人生莫大的福报。其实，瞬间死亡并不可怕，有时间感受死亡，或因恐惧而死才可怕。立即死亡，无痛无苦，没有恐惧害怕，就是善终。

至于说死是否如乌龟脱壳般痛苦？如果在医院里电击抢救即是；如果含笑而逝就不是。基本上，人之生也，必定会死；人之死后，还会再生。生生死死，死死生生，如环形的钟表，如圆形的器皿，没有开始，也没有结束。生死只是一个循环而已，如种瓜得瓜，种豆得豆。种也不是开始，收也不是结束；开始中有结束，结束中有开始，所以死亡并不可怕。

当然，死亡有所谓"好死"，也有"歹死"，有的人如睡觉般，一觉不醒。甚至过去的禅师，有的田园荷锄而亡；有的自我祭拜而终；有的吹箫奏笛，泛舟而逝；有的东门西门，向亲友告假而去。所谓"来为众生来，去为众生去"，来来去去，根本就不用挂怀。正如衣服破旧了，要换一套新衣；房屋损坏了，要换一间新屋；连老旧的汽车都要淘汰更新，何况人的身体老迈了，怎能不重换一个身体呢？

法国文艺复兴时代的代表人物拉伯雷说："喜剧已经演完，是该谢幕的时候了！"他对于死亡表现得潇洒自在，毫无依恋。哲人卢梭临终时安慰夫人："可别伤心，你看，那边明亮的天空，就是我的去处！"这真是自在人生的典范。

美国的物资生活丰富，他们对死亡并不觉得可怕；反而是中国人苦难不断，政治迫害、战争频仍，但中国人怕死，希求长生不老。这倒是一个很有趣的现象。

其实，凡事自然最好，死亡也是。死亡不足畏惧，只是死亡以后就像移民一样，你到了另外的国家，你有生存的资本吗？只要你有功德法财，换一个国土，又何必害怕不能生活呢？

◆中国人对于丧葬习俗有很多的忌讳和迷信。请问大师，亲人往生后，如何处理其后事才是如法呢？

星云大师：所谓"生死事大"，中国人自古以来就把生与死看成是人生的两件大事，并且强调"生，事之以礼；死，葬之以礼。""养生"是孝的表现，"送死"更是大孝，因而对死亡讲究的是厚葬。在孔子时代，人从死亡到安葬，须经五十几种仪式。正如德国哲学家费尔巴哈所说："中国人是最为死者操心的民族。"所以身后事总有很多的繁文缛节，甚至还有很多不合时宜的风俗、迷信和忌讳。例如，一般人的观念里，总认为人死必然为鬼，为了怕亲人在黄泉路上没有路费，所以有烧"脚尾钱"，也就是烧冥纸的习俗。

关于烧冥纸的习俗，西洋人习惯到亡者灵前献花，表达生者的追念；中国人烧些冥纸来表达心意，本无可厚非。不过像现在已经从烧纸钱进而烧纸房子、车子、家电用品，甚至烧一群佣人给亡者，这就值得商榷了。因为你烧洋房别墅给亡者，如果没有土地，你要他把房子建在哪里呢？你烧车子，如果亡者是因为车祸而往生的，难道要他再出一次车祸吗？何况佛经说，人往生之处有六道，如果是上升佛道、天道，那是一个极乐、富贵的世界，哪里还需要用到纸钱？如果是投生人道，出生在哪一国也不知道，到底是要烧英镑还是美金呢？如果投生地狱、饿鬼、畜生，将受无边的痛苦，纸钱对他而言也无济于事。所以不如为亡者印经、布施、做善事，将功德回向给亡者，对亡者来说才有实质的利益。

其次，中国人一向重视"寿终正寝"，认为在外车祸死亡的人遗体不能返回家中，否则就不吉利。其实过去农业社会里，人们多半一生守在自己的家园；但现代工商社会，许多人外出谋生，横死在外地的人愈来愈多。一个人死在外乡已经很可怜了，为什么不让他回家？如果能换个观点想："他一个人死在外面好可怜，要赶快让他回到家里，他会感到比较温暖、安心。"那就没有什么忌讳了。另外，家里有人去世了，儿女为他送葬，捧个牌位，还要打一把伞。其实这个风俗是有典故的：清代，有些明朝遗民不喜欢做满清臣民，发愿"脚不踏满清之地，头不顶满清之天"，所以身死之后，要儿孙为他打伞，不愿顶满清之天。但现在是什么时代了？还要打这把伞吗？

再者，中国人重视伦理，从伦理里也衍生出不少习俗来。例如人死后，孝眷为表哀思，几天内不可以刮胡子，不可以更衣，儿女要从门外跪着爬进屋里等等，这些方法都没有顺乎自然。乃至生肖犯冲、生辰犯冲、八字犯冲的人不能送葬，甚至丈夫死了，妻子不能送上山头，否则就表示想要再嫁，将被视为不贞。

在传统的中国农村社会里，还可见到一种现象，一家有了丧事，亲友邻居纷纷献策，乃至一些三姑六婆，这个人说这种习俗，那个人说那种规定，搞得孝子贤孙不知如何才好！

我父亲在日军侵华时在返家途中失去音讯，后来猜测应该是遇难了。他的死亡我是不知道，不过在我老母亲九十五岁往生时，我不许任何人替我主张，因为往生的是我的母亲，别人不必七嘴八舌地乱出主意，所以我相信我的母亲一定是很安然而去的。谈到中国民间的丧葬礼仪，确实有很多不合时宜的观念、做法，都应该加以净化、改良。例如，看风水、择日、死后八小时以内不能入殓、出殡时安排电子音乐、花车、游街、哭墓等，不但浪费，而且有失庄严。

那么现代的丧葬礼仪应该如何办理才合宜呢？就是要用合情、合理、合法的方法。例如依照政府印行的丧葬礼仪办法，或依自己所信仰的正信宗教，如佛教丛林里有关丧葬礼仪的一些主张与做法等。

佛教对丧葬礼仪的看法，首先强调的是要建立正知正见。例如，生、老、病、死是人生必经的过程，但却很少人能坦然面对死亡，因此常常忽略了"临终"这重要的一刻。临终是"升""沉"最重要的关头，它是决定"往生"最宝贵而且具有决定性的一刻，眷属若在此时大声哭泣，引起病人悲痛的情绪，累他堕落，失却往生善道的机会，那是无益而有害的。因此，若遇家里有人过世，不宜哀嚎大哭、摇晃、塞手钱、拜脚尾饭等，尤其切忌杀生祭拜。如《地藏经》说："临终之日，慎勿杀害，及造恶缘……何以故？尔所杀害乃至拜祭，无纤毫之力利益亡人，但结罪缘，转增深重。"又说："若能更为身死之后，七七日内，广造众善。能使是诸众生永离恶趣，得生人天，受胜妙乐，现在眷属，利益无量。"是故四十九日内为亡者修福，利益最为殊胜。尤其当病人病危时，最好能礼请法师或道友前来助念，亲人亦应在旁一起助念，帮助他往生极乐净土。亦可请病人所敬重且善说法要的有德长者前来安慰开导，劝病人一心念佛，求生佛国净土。

此外，有关丧葬礼仪，尤应注意下列几点：

（一）不要虚荣。现在的人遇到丧葬事宜，大家竞以虚荣心处理，要做得比人家好，互比虚荣心。其实，应当要尊重死者心愿才是最重要的。

（二）不要铺张。国人对于丧葬事情，往往讲究你有多少乐队，我有多少花车。其实不一定要这样，丧葬是个人家庭的事，何必劳师动众呢？庄严、哀伤、肃穆胜于吹吹打打。

（三）不要迷信。治丧无非求死者安，生者孝，一尽哀心悼念而已，不必刻意造作。

总之，生死是人生的两件大事，依佛法的观点来看，生不足喜，死亦不足悲，唯有以庄严的心情帮助亡者顺利往生善道，比任何隆重的仪式都要来得重要。

◆佛教把死说成是"往生"，又说生命是三世轮回的，请问大师，我们怎样知道有前生与来世呢？

星云大师：世间万象都离不开轮回的道理，举凡宇宙星球的运转，春夏秋冬的更替，昼夜六时的推移，善恶六道的轮回，身体的生老病死，以及过去、现在、未来三世的沉转等，宛如车轮回转的现象，都证明"轮回"的道理。

自古以来，轮回之说就存在于人类社会中。古印度的婆罗门文化《梨俱吠陀》一书中，已暗示人死后有灵魂之归趣。后来的《梵书》《奥义书》《薄伽梵歌》中，记载着纯熟的轮回思想。在西方，古希腊罗马的哲人们对灵魂之说作积极的研究，其中毕达哥拉斯和柏拉图提出人死后的灵魂依照生前所作善恶，转生为人或其他生物。及至今日，每个宗教都承认轮回的存在。其中道教主张长生不老；基督教、天主教认为人生的目标在于进入天堂和上帝同在，获得永生；一般民间信仰也渴求人生不死；佛教认为人生最究竟的目的，在于证入无生涅槃的境界。所谓无生的境界，就是超越轮回，不受生死之苦的境界。在佛教看来，长生、永生、不死，仍然在痛苦的轮回之中，唯有无生，才能从生命的煎熬痛苦之中超拔出来，才是究竟常乐的清净生命。

现在有许多人相信轮回的存在，研究轮回的原理；也有一些人积极地寻找自己的前生，或者正受着业力轮回之苦而不得其解。

佛教对"轮回"有一番透彻的解析，揭示生命轮回的奥秘，晓谕世人生命意义的真谛及离苦得乐之道。佛陀证悟后，出广长舌相，教化众生，对"轮回"也提出许多看法。如《心地观经》云："有情轮回生六道，犹如车轮无始终。"《大智度论》云："业力故轮转，生死海中回。"

佛教认为生命轮回的主体是人的第八识"阿赖耶识"，而轮回趣向的决定力是"业力"。阿赖耶识是生命受生的根本识，既不是灵魂，也不是精神实体。生命接触种种境缘后，产生种种的善恶行为，这些行为后果的种子又回熏于阿赖耶识，储存于阿赖耶识；当肉体死亡时，阿赖耶识最后离去，而在生命体投胎转世时，最先投生，因此阿赖耶识是轮回的主体根本。众生每日身、口、意所造作的行为，有的是善业，有的是恶业，这些业因业缘形成两股力量，仿佛拔河比赛，如果善业的力量大，就把众生牵引至天、人、阿修罗等三善道去受生。如果恶业力大，众生就堕入地狱、饿鬼、畜生等三恶道去受苦。因此，"业力"是生命轮回的决定因素。

六道轮回的实例，古今中外比比皆是。佛陀常常随缘向弟子讲述自己多劫修行的事迹。《六度集经》《本生经》《菩萨本行经》等，都是佛陀的本生谈。英国有一位老人阿瑟·福楼多，从小就常忆起前世在两千多年前约旦古城佩特拉的情景，他后来更协助考古学家找到许多古遗址资料。

在中国，轮回转世的记载自古以来更是不胜枚举。

生命如种子，是不会断绝、是不死的。因此，相信"三世轮回"，让我们知道，人不能只重视现生，更要重视未来，并且要广结善缘，培植未来的福德因缘，如此未来才会更美好。

◆佛教讲"十法界"，法界之中真有天堂地狱吗？天堂地狱到底在哪里呢？

星云大师： 在广大浩瀚的宇宙之中，一般人的思想、意识所及，除了今生所依存的世界之外，其次就是天堂与地狱。因为在一般人的观念里，认为人死后不是上升天堂，便是堕入地狱。天堂与地狱在人道的上下方，一个代表享乐，一个代表受苦，这就是一般人对天堂与地狱的认识。"天堂地狱在哪里？"在我弘法的岁月里，经常被人问到这个问题，我通常都会回答说：天堂地狱在哪里？可以分三个层次来说：

第一，天堂在天堂的地方，地狱在地狱的地方。

佛教将宇宙分为十种法界，即佛、菩萨、声闻、缘觉、天、人、阿修罗、畜生、饿鬼、地狱等。其中，"天"即指天堂，有三界二十八天之分，地狱则有十八种地狱。所以，天堂在天堂的地方，地狱在地狱的地方。

第二，天堂地狱就在人间。

世间有的人生活富裕，住在花园洋房里，出入有汽车代步，就像生活在"天堂"里。有的人生活困苦，局促在陋屋小室，无钱无力的苦恼就像在"炼狱"里；饱受饥饿冻馁，就如处在饿鬼界；遭逢炮火焚烧，就像生活在"鬼域"一般。

第三，天堂地狱就在一念之间。

其实，真正的天堂地狱是在我们的心里。许多人习惯与人计较、比较，心中充满猜疑愤恨，整天在贪嗔愚痴，或被烦恼忧伤系缚，就像生活在地狱。反之，如能以一颗明净的心，开阔胸怀，包容一切，时时保持心情愉快、满足、欢喜、安乐，就是生活在天堂里。我们每个人在一天当中，时而天堂，时而地狱，来回不知多少次，因此，我认为天堂地狱就在"一念之间"。

各种宗教都认为有天堂地狱的存在。佛教虽然也肯定有天堂与地狱存在的事实，然而，以佛法来讲，人死后不一定就上升天堂或堕入地狱；天堂与地狱只是十法界中的其中二界，上升天堂要有上升天堂的条件因缘，堕入地狱也有堕入地狱的业力道理，二者各有其不混淆错乱的因缘果报。

天堂地狱在哪里？就在我们生活的人间。在人间每天都可以看到地狱的惨烈状况。譬如到菜市场、餐厅饭店走一遭，但见鸡鸭猪羊等，倒悬提挂，切剁宰割，活剥生烤，这不就是倒悬地狱、刀山地狱、火烧地狱吗？到医院手术室、病房等，也处处可闻哀号声，可见地狱惨状。反之，现代的社会，人人丰衣足食，吃穿是锦衣玉食，住的是高楼大厦，不但地毯铺地，而且有冷暖气设备，出门有轿车代步，甚至搭乘飞机轮船，一日千里；联络事情，有电话可以马上沟通远在天边的对方；观赏电视传真报道，刹那间可以看到千山万水以外的状况；电脑、遥控的使用，可以随心所欲，运用自如。我们享受着这么多的福德因缘，过着极其平静幸福的生活，不就是在天堂吗？所以天堂也可以在人间实现。

天堂地狱在哪里？就在我们的心里。佛教天台宗说我们的心"一念三千"，唯识宗则说一切万法"唯心所变"。我们的心瞬息变化，捉摸不定，忽而诸佛圣贤的心，忽而三涂恶道的心，一天之间，在十法界中上下浮沉，去来无数次。所以成佛希贤端在一心，堕落轮回也系乎一念。

《华严经》说："心如工画师，能画诸世间。"我们的心像一个画师，可以画出美丽的事物，也可以画出凶恶的野兽。《维摩诘经》也说："随其心净则佛土净。"我们如果能够时时保持一颗明净的心来对待世间的一切，这个世界便是天堂，便是净土。因此，天堂地狱不在他方远处，就在我们当下的一念。

"天堂地狱在一念之间"，如果我们懂得其中的深义，就会了解：人生不要光顾心外的生活，最重要的是必须要建设心内的"天堂"。如果心内的"天堂"没有建好，把忧悲苦恼的"地狱"留在心里，就会带给你苦不堪言的人生。所以吾人在世间上生活，就算身处"天堂"，如果不能认识它的美好，天堂也会转变成为"地狱"；如果你懂得以佛法来处理困境，转化厄运，那"地狱"也可以成为"天堂"。

佛经里告诉我们：如果没有福报，就算在天堂里也会"五衰相现"；如果有慈悲愿力，"地狱"也会成为"天堂"，像地藏王菩萨发出"地狱不空，誓不成佛"的宏愿，累劫以来在"地狱"里辛勤度众，但我们认为地藏王菩萨永远是在"天堂"里生活，因为他心中的"地狱"早就已经空了。佛陀虽然降诞在娑婆世界，我们也不认为佛陀生在五浊恶世，因为佛陀是在净土法性的境界里生活。还有观世音菩萨抱持悲心寻声救苦，所以炽烈的火焰也化为朵朵清凉的莲花。富楼那尊者抱定坚决的意志到边地去度化恶民，所以在别人眼里如"地狱"般的边地，在他眼里却如"天堂"道场般的自在。俗语有谓："境随心转。"一切都是唯识所变、唯心所现。《大乘起信论》的"一心开二门"；"心真如门"即佛性，"心生灭门"即凡夫。是佛还是凡夫，都存于一心；心中有天堂的圣者，心中也有地狱的魔鬼。我们立身世间，若能以佛心待人，则世界也会跟着我们的善心转成佛境；我们若以魔鬼的心处世，世间也会成为魔界。佛、魔存乎一心，你要做佛呢？还是做魔呢？可不慎哉！

◆**目前社会上有不少医疗机构或慈善团体，都针对临终关怀而设立"安宁病房"。可否请大师介绍有哪些地方可以提供这种服务？以及护理人员应该注意哪些事项？**

星云大师：随着"临终关怀"的意识普遍被推展，目前台湾设有临终关怀的医疗机构，计有莲花临终关怀基金会、安宁照顾基金会等。此外，不少医院都设有安宁病房，如台大医院、马偕医院、耕莘医院、荣民总医院、彰化基督教医院、慈济医院等，组织更为庞大，结合了医师、护理师、营养师、药师、物理治疗师等成员，借各种方式减轻、缓和病人身体的痛苦；并有社工人员、宗教人士的加入，令患者消除恐惧死亡的心理，更由于宗教的力量，能使临终者得到安慰和引导。

"临终关怀"主要目的是帮助病人有尊严地走完人生最后的旅程，因此在护理的时候应注意以下的事项：

（一）认识临终病人的心理变化。临终者所面临的情绪变化各有不同，家人、义工、慈善人士、宗教师等，都应该要了解，而给予适当的协助。例如：

（1）恐惧：要设法使临终者心生喜悦，无诸恐惧颠倒。

（2）愤怒：要安慰临终者，使情绪平静，万缘放下，不生爱憎。

（3）罪恶：让临终者不要有罪恶感，教他念佛可以消除罪障。

（4）不舍：劝导他对世间的亲人、财物不生贪恋之心。

（5）担心：让病患放心，不必挂念闲杂人事。

（6）无助：让他知道很多亲人朋友做他的精神支柱。

（7）自暴：鼓励他坚定信心，念佛必生极乐国土。

（8）孤独：不要让病患感到病床上的孤独。

（9）沮丧：病患即将离世时，若有沮丧、无奈，应给予适当的安慰。

（10）无知：告诉他将到清净安乐幸福的国土，让他知道未来有无限的希望。

（二）正视临终病人的需求。作为临终关怀者，应为每一位病人制作恳谈资料表，以了解其个别的需求与愿望，或从观察而得知其所求。例如：

（1）希望明白病情。

（2）希望获得别人宽恕。

（3）了解宽恕他人。

（4）希望别人对他的关怀。

（5）与亲友见面。

（6）对生命的了解。

（7）宗教信仰的渴求。

（8）后事的安排。

（三）给予临终病人协助。作为临终关怀者，应有高度的慈悲、耐心，以及具备各种能力、常识，协助病人无憾地走完人生，为人生画下完美的句点。例如：

（1）以关心的态度专心倾听他诉说。

（2）让他所爱的人适时给予关怀，并陪伴身旁。

（3）尊重病患者的宗教信仰。

（4）讲说忏悔得救的故事及道理。

（5）安排法师或宗教人士与其谈话，或为其开示说法。

（6）尽可能满足他心里的希望。

（7）共同讨论他心中的愿望。

（8）告知医师，减轻病者肉体痛苦，保持神识清明。

（9）帮助病患及其家属维持正常生活形态，以及预备后事。

（10）保持病人心理的平和。

（11）为他助念，使之提起正念，安然离去。

人的一生，有两个问题，一是"生"，二是"死"。生时，有父母养育、老师教导；长大则结婚、生子、创业，求功名富贵……年老则要照顾，生病则要看护；死时的殡葬、告别式、火化、安葬……为人子孙者要跑好几个地方，才能完成这人生最后一件事。

佛光山有鉴于此，为了圆满解决人生最后的问题，特于 1983 年兴建完成万寿园，并有系列的整本规划，三楼至六楼为奉安灵骨与牌位之用的"万寿塔"；一楼"功德堂"主要供殡葬奠礼用，共有"九品厅""莲华厅""圆满厅""福寿厅"等四间大小奠悼厅作为停灵、凭吊告别祭奠之用，另有东西两个客堂，可供信徒洽询及亡者家属休息。

二楼"如意居"则专为病危者及看护的家属居住用，内有厨房、浴厕、医务室等设备，同时可供六位患者使用，分别是"如意居""有德居""菩提居""般若居""福慧居""和悦居"等。临终者的家属可以陪着一起住进来，全心全意地照顾临终病人。如果病人痊愈可以回家；如果将要往生，弥留时，有法师为其助念。接着后事的办理，从入殓、告别式、火化、进塔，都由佛光山一贯作业，圆满后事。有鉴于一般的丧事，从生病往生到安葬，家属都疲于奔命，佛光山对一个人生的完成：从生到死，提供了一系列的服务，且每天早晚除课诵外，并在春秋两季举行超度佛事，不仅生、亡两利，也净化了丧礼奢靡的风气。

佛光山对人一生的完成，除了本着"以慈善福利社会"，在慈善事业方面办有育幼院、佛光精舍、佛光诊所、万寿园，以及友爱服务、冬令赈济等项目以养老育幼、照顾老病死生之外，另外还从文化、教育、社教、活动等多管齐下，希望通过佛法的教化，对世道人心的净化、社会风气的改善、人文思想的提升、精神生活的充实、慈悲智慧的开展，都能有所帮助。

然而社会上有一些不明就里的人，无视佛光山对佛教发展以及社会教化所作的贡献，经常批评佛光山商业化，指佛光山很有钱。其实，佛光山不是很有钱，而是很会用钱，今年的钱用出去了，明年乃至后年的钱也用出去了。在"日日难过日日过"的生活下，我们将每一份净财都用在培养人才、弘法利生的佛教事业上。佛光山不以矫情的眼光视金钱为罪恶，也不滥用金钱、积聚金钱，不使金钱成为罪恶的渊源。我们的信念是要借着佛教的力量，把苦难的娑婆世界建设成富乐的人间净土，让每一个人的一生都能在佛光净土完成，而不是等到临终时才想到佛教，想到未来的归宿。

◆古人有"卖身葬父"的悲苦。现代社会经济繁荣，仍有一些穷人"死不起"，买不起墓地或付不起丧葬费用等。甚至在"死人与活人争地"的情况下，有时即使有钱，也是"一地难求"，因此现代人提倡火葬、水葬、树葬、洒葬，甚至天葬等，请问大师对于改良丧葬仪式有何意见？

星云大师：人死要"入土为安"，这是中国人根深蒂固的想法，因此一般人遇到亲人往生，莫不急着找墓地，有的人甚至生前早已预备妥当，造成土地使用效率减低。尤其一些有钱人动辄建很大的墓园，形成死人与活人争地。现代人口爆炸，"无壳蜗牛"的居住问题尚待解决，"死人与活人争地"的问题值得重视。

此外，中国人喜欢看风水，为了葬个好墓地，以期后代子孙能够发财富贵，乃至成为帝王将相，于是杂乱无章的墓园就成为中国特有的景观，不但有碍观瞻，而且造成山坡地不当使用，形成严重的环保问题。相较于欧美的"公墓公园化"，实有值得借鉴之处，也更凸显出中国式的丧葬仪式实有积极改良的必要。所以现代环保意识兴起，政府正在积极推动树葬、洒葬、海葬等自然、环保丧葬的概念。如台北市率先开放木栅富德公墓200坪面积作为树葬、洒葬的试办区，台北县的新店公墓、屏东县林边乡公墓也将启用树葬、洒葬区，同时为了鼓励"洁葬"，更将扩大补助地方政府的相关计划，这些都是值得赞许的好事。

其实在佛教里，从印度一开始就主张火葬，后来西藏的喇嘛教则采用天葬。火葬比天葬、海葬、树葬、土葬都好，当初佛陀涅槃后，也自以三昧真火荼毗。目前火葬的观念已渐被一般人所接受，尤其一般佛弟子在火葬后，将骨灰奉安在寺院的纳骨塔，这实在是人生最圆满的归宿。

佛教的纳骨塔不同于一般世俗的灵骨塔，它除了实质解决现实的问题外，更蕴含着深刻的信仰意义。因此，在佛光山的慈善事业中，除了开办有育幼院、养老院、云水医院外，并设万寿堂，供信徒安放灵骨，周全地照顾信徒的生老病死，让人的一生都能在佛法里获得圆满的照顾。

不过现在社会上也有一些人专门从事贩卖灵骨塔的行业，公然与宗教争；甚至殡葬业者抢死人的情形亦时有所闻，真是有失礼仪的原则！其实"宝塔"本来就属于宗教所专有，未来希望政府能立法规范，让宝塔回归信仰，不要沦为商业买卖。

死是人生必经的过程，死也是很感伤、很烦恼的事。当一个人老病之后，先是医疗照顾，当医药罔效的时候，就要预备后事。现在有很多人可以说"死不起"，因为现代人大多住在公寓高楼上，左近各有居家，一家有人往生，不但哭闹会影响邻居，死后也不知如何出葬，所以现在的殡仪馆、葬仪社、太平间、骨灰塔、各种丧葬行业就应运而生。再者，根据

"内政部"统计，台湾平均丧葬费用大约在 30 万到 40 万元新台币之间，而大约有 40% 的家庭一时都无法拿出这笔费用。

现代人不但"死不起"，还有养不起、住不起、读不起、娶不起、玩不起等。其实，人只要懂得简朴，什么事都做得起；奢侈浪费，就什么也做不起。所以佛教赞成火葬，因为土葬造成死人与活人争地，而且太过执着于肉身。至于水葬、树葬、海葬、空葬，也太过无情，总是不忍，所以火葬最好，不但干净、节省，连棺木都不一定要用上好的材质，也不用太大，而且省时，只要殡葬业者车子送到火葬场，两小时即可完成，火葬费用又便宜。一般贫户还可以向政府申请费用减免，乃至民间也有不少慈善机构有施棺之善举，帮助贫困者解决死亡大事。如佛光山为了让困苦的人能死有所安，特别提供万寿园公墓 2000 个龛位给贫困无依者安置遗骨之用。

此外，有下列情形之一者，使用高雄市殡仪馆、火葬场、公墓、灵骨塔之各项设施，可申请减免费用。

（一）设籍或驻防高雄市之现役军人阵亡、病故、贫困眷属、公教人员因公殉职，或其他对中国国家民族有特殊贡献者。

（二）高雄市列册有案之第一、二、三类低收入户及仁爱之家公费家民。

（三）高雄市未列入低收入户，但生活窘困经查明属实者。

（四）因天然灾害或其他不可抗力之原因致死亡者。

（五）检察官因办案之考虑暂不殓葬，经主管机关核准减免者。

火葬虽然好处很多，但不少人还是坚持要土葬，总觉得人死后，再用火烧化，实在不忍心。可是，不用火化，让先人的尸骸深埋土里腐烂发臭，任由虫蚁啃食，难道就忍心吗？土葬要捡骨，从土里挖出来的骨骸，再良善的孝子贤孙都觉得腐臭，不敢接近；火化后的骨灰，即使摆在床头跟人一起睡觉，也没有什么不好。这个世间上，再怎么脏的东西，用水去漂洗，用火烧成灰，都可以洁净。家中供的佛像，诵的经书，不用了，用火烧化，表示尊敬；同样的，腐朽死亡的身躯火化以后，成为更清洁的灰骸，岂不更好？

　　其实，不管任何一种葬法，如庄子说，埋葬地下给蛆虫啃蚀，在原野给飞禽啄食，在海中给鱼虾饱腹，不都是一样吗？所以，不管什么葬法，只要不劳动别人、不浪费，就是最好。因为简朴并不代表不隆重，所以不管土葬、火葬、树葬、海葬、空葬等，一切的一切，无非都是为了解决人生最后的大事，能够找出最经济实惠的方法。我想这才是最重要的。

佛教对身心疾病的看法

随着时代进步、科技发达，丰厚的物质生活为现代人类带来某些层面的福祉，但即使时代再进步，科技再发达，也始终无法解决人生的根本问题。

人生有两个重大问题，一是生，二是死。生的时候就要面临老病的人生大问题，这是目前医学界及社会学家们正在努力研究与突破的课题。甚至就以佛教而言，如果仍用戒律来探讨人生，也有诸多的不合时宜，也是难以应付新时代所滋生的种种问题。

不过，所幸佛法的义理是历久弥新，是亘古今而不变的。对当代的问题，如身心疾病乃至生死问题，从佛教的观点来看，还是能够提出合理的解答与解决办法。因为佛陀本来就是大医王，是人类的救主；佛法本来就是阿伽陀药，是治疗心病的好药方；出家人本来就是医师，是众生的守护者。所以佛法僧三宝一直被比喻为医王、医药、医生，通过佛法来治疗现代人的身心疾病，才是根本有效的药方。

2003年6月19日晚间，佛光山开山家长星云大师应"人间佛教读书会"的学员之请，举行一场"人间佛教座谈会"，针对"身心疾病"如何治疗的问题，为现代人的身心之病把脉，并且提供了许多治病的方法。以下就是当天座谈会的如实记录。

◆**人吃五谷杂粮维生，色身难免会生病。请问大师，以佛教的观点来看，除了医药以外，如何治疗身体上的疾病？**

星云大师：古德说："修行人应带三分病，才知道要发道心。"基本上，会信仰佛教的人，大都各有其因缘：有的人因为生活遭逢困难、挫折，想要找个依靠，因此信仰佛教；有的人在极度失意、悲伤、沮丧时，因为一句佛法，心头曙光乍现，从此虔心向道；有的人对人生的问题感到迷惑不解，想从信仰上寻求答案，因而学佛；有的则是因疾病而感受人生无常，体会到人生是苦，因此契入佛法。所以，色身有病并非绝对不好，病也是入道的因缘，有病才知道要发道心，有病才知道凡事要及时成办。疾病固然给人的身体带来负面的影响，但也有其积极的人生意义。

说到生病，其实四大五蕴假合之身，孰能无病？生老病死本是人生必经的过程，谁能免除？因此关于如何治疗疾病，首先要建立正确的观念，要懂得预防，与病保持距离，万一生病了，也要能"与病为友"。尤其对生命的意义要有一些领悟，能对生死无所挂怀，才能坦然面对疾病，而不是心生排斥、恐惧、忧愁。如此烦闷恐惧的心动念，只会加重身体的病情。

谈到身体上的疾病，可以说种类繁多。例如光是眼耳鼻舌身就有眼科、耳鼻喉科、牙科，此外还有心脏科与肝脾肺胃等内科、妇产科、小儿科、精神科、神经科、泌尿科、皮肤科、家医科、脑科、内分泌科、新陈代谢科、肿瘤血液科、骨科、整形外科、复健科、免疫过敏风湿科，甚至具有传染性的各种急性、慢性病等。在《佛说最上意陀罗尼经》也提到："所谓癭病、风病、痰吐之病、眼目病、头痛病、腹痛病，乃至痔瘘病……或患疮癣，或患疥癞诸恶疾病，遍阎浮提，令诸众生受极苦恼。"

身体有病，当然需要听从正派医护人员的指导，采用适当的医疗方法，例如药物治疗、饮食治疗、物理治疗、心理治疗，甚至民俗治疗、音乐治疗等。也有的病，只要多休息，时间就是最好的治疗剂。像感冒这种小病，很多医生都说感冒是治不好的，因为感冒的种类有一百种之多，哪里能够对症下药？所以医方只是一种安慰，如果自己懂得，感冒了，多休息、多喝水、少出门，就是治疗。

有时我们身体上根本没有病，但因自己疑心"我有病"而成了疑心病，我本身也有过类似的情形。在我二十岁左右，有一位老师说："人常因疑心而成病，例如肺病。"我听了这句话以后，心里一直挂念着，之后有好长一段时间都笼罩在肺病的阴影下。当然，我自己也懂得调理、排遣，心里也在想："我身体这么好，怎么可能会有肺病呢？"不过多少还是受到那句话的影响。后来到了台湾，住在中坜。有一天，有个人告诉我，西红柿可以治肺病。当时西红柿价钱并不很贵，于是买了一大箩筐的西红柿，吃过以后，我心里想，这么多的西红柿应该可以把肺病治好了吧！从此我就再也没有想过肺病这个问题。

所以，身体上的疾病有时候是自己疑心制造出来的，所谓"心病还须心药医"。身体上的疾病，有时只要靠自己坚强的信念、乐观的心情、适当的运动、饮食的调和，自然不药而愈。

此外，预防重于治疗，能够增强自己的免疫力，才是最佳的保健之道。根据研究，人体上大约90%的疾病，都与免疫系统失调有关；免疫系统就如一支训练有素的精锐部队，捍卫人体的健康，能保护身体免于病毒的侵袭，还能清除代谢后的废物，并且修补受损的器官、组织。

免疫力，浅显一点说，就是一种抗体，能抵抗外物的侵入。在一般正常人的体内，均有许多好菌。可以抗杀不好的病菌的自身物质，这就是抗体。例如有的人着了凉，很容易感冒；但是有足够抗体的人，小小风寒对他引不起作用。甚至有一些传染病，如肺病、肝病、疟疾等，如果缺乏抗体，就容易受到感染；假如自体的抵抗力够，则不会轻易被传染。

一般医院里，医生都会使用各种药物来增加人体的免疫力，甚至有些还会指导你种种的保健方法。例如充足的睡眠、每天运动30分钟、按摩身体、开怀大笑、放松心情、摄取各种维生素等，都可以增加人体的免疫力。哈佛大学医学院的教授会议更明确指出，有宗教信仰的教友，身体普遍比没有宗教信仰的人来得健康。因此，生病重要的是观念治疗、心理治疗；观念正确、心理健康，是治疗疾病的重要因素。

说到疾病，病与苦总是分不开的。有的人你问他："生病怕不怕?""不怕!""死怕不怕?""死也不怕!"佛教徒相信生命是不死的，生命只是轮回，就像春夏秋冬，四季轮换，生了要死，死了要生，死并没有什么可怕，可怕的是痛。痛很难受，如果病了不痛，病也不是严重的事。

不过，"有病方知身是苦"，"英雄只怕病来磨"，英雄只要一有病，就会变成狗熊。健康的时候不知道健康的宝贵，等有病了，就觉得苦。但是有时害了病，如果把病治疗好，反而增加免疫力。所以，经过病的挫折，对于健康还是有帮助的。

生病最忌病急乱投医，有的人一听到自己有病，就惊慌失措，到处乱找偏方，仿佛个个都是医生："喔!你应该吃什么药!""哎呀，这个病应该怎么样治疗才对!"七嘴八舌。有的人自己没有主张，听这个人的话，就去看这个医生；信那个人所说，就去看那个医生。也有的人生病讳疾忌医，不好意思看医生，害怕看医生。

其实也不要把生病看得很可怕，记得有一次我们几个同道去看一个罹患肺病的人，有人说肺病会传染，但是有一位护理人员告诉我们，接触一点传染源，才能增加身体的免疫力；完全与病菌隔离，自己就没有免疫力了!像前不久的SARS（非典）流行，就让大家惊慌失措。其实，病就像"魔"，你愈是怕它，它就更加凶狠，更加厉害。

因此，面对各种疾病，希望大家要有一个想法，就是自己要做自己的医生。所谓"兵来将挡，水来土掩。"身体有病，我们不必惊慌，有病当然要找医生治疗，但最重要的是自我治疗，自己做自己的医师。自己心理健全，就可以克服困难；自己的毅力坚定，就可以克服一切的病苦。能够从心不苦做到身不苦，那么疾病于我又何惧之有!

◆刚才大师解释说，人除了身体上的病痛之外，心理上也会有贪、嗔、计较的心病。现在想请问大师，不知道有没有心理咨询的方

法，可以解决、去除我们的心病？

星云大师：《大般若经》说："身病有四，谓风、热、痰及诸杂病；心病亦四，谓贪、嗔、痴及慢等病。"说实在的，身体的病好治疗，心病才麻烦。不过，身体是我们的，我们要认识它；心也是我们的，我们也要认识自己的心。能够认识自己的身心，无论身病也好、心病也好，自然比较容易治疗。

前面讲"心病还须心药医"，心理的病要用心理的药治疗。我们心理的疾病诸如焦虑、恐慌、紧张、忧郁、嫉妒、迷失、妄想、幻觉、思想偏激、颠倒错乱、懈怠、懒惰、孤僻等。疾病也像魔鬼一样，在我们身体里有很多的魔子魔孙，平时盘踞在心里，随时伺机扰乱我们。依佛教讲，八万四千烦恼就是八万四千种的病，而统领这些心理毛病的第一兵团就是"贪欲"，第二兵团是"嗔恚"，第三兵团是"愚痴"，第四兵团是"我慢"，第五兵团是"疑忌"，第六兵团是"邪见"。贪、嗔、痴、慢、疑、邪见，在唯识百法里属于六大根本烦恼。

其实，我们心里的烦恼魔军很多，但是真正说起来，全部的统帅只有一个，就是我们自己的"我执"。我的执着统理了贪、嗔、痴、慢、疑等魔军。平常当我们心理健全、观念正确、思想正当，心中充满着慈悲智慧的时候，当然就能"降伏其心"。如《宗镜录》说："驾一智箭，破众魔军；挥一慧刀，斩群疑网。"不过只要我们一不小心，疏于防范，就像《佛遗教经》说，心如盗贼、恶马、狂象，只要稍一纵容，心中的盗贼、匪徒就会起来造反。

追究这许多魔兵造反的原因，都是由于知见不正确，都是因为无明。例如：你疑心猜忌，它就有机可乘；你做人傲慢、偏激、执着、自私、相信谣言、喜欢听是非、没有主见、不能自我肯定，就会被人牵着鼻子走。当然，这些魔王、魔军就会起来造反了。

如何治疗我们的心病？只有"勤修戒定慧，熄灭贪嗔痴"。贪嗔痴"三毒"是戕害我们身心最大的敌人。我把它们作了一个比喻：

心里的贪病好比是身体的胃病，害胃病是因贪吃饮食太多的缘故。

心里的嗔病好比是身体的肺病，肺病能烂坏人体内部，和嗔心能坏事一样。

心里的痴病好比是身体的精神病，精神病是自己理智不能做主，言行失常，痴病正是做错事的一个根源。

贪嗔痴三者，分开来说，人都有自私的心理，一切都为自己着想，看到好的东西就希望归为己有，甚至只要自己好，别人的死活存亡都跟自己无关，因此"贪心"之病自然生起。如果我们能像蜡烛一样，牺牲自己，照亮别人；能像朝露一样，虽然瞬间灭亡，还是用微弱的力量去滋润万物生长；能像太阳一样，无私无我地普照大地；能够如此欢喜地"舍"己为人，把幸福、快乐布施给人，自然就能治愈贪心之病了。

人生的另一个心病就是"嗔"。人患嗔病，是因为修养不够，只要不爱人的逆境当前，嗔心一起，朋友可以变成仇人，夫妻也会变为冤家。一念嗔心起，一切变得可憎可恨，恨不得一拳粉碎世界。但是如《中阿含经》说："若以诤止诤，至竟不见止；唯忍能止诤，是法可尊贵。"嗔心不能解决问题，如果此时懂得"忍"，懂得世间一切都是自他平等一如，无你我之别，无好坏之分，有此忍的修养，嗔病就不容易生起了。

人生的第三个重大心病，就是"痴"。人患痴病，是因为迷而不觉。由于愚痴无明，所以加重贪嗔的毛病。甚至人的烦恼，人的生死轮回，都渊源于"痴"。痴会增长邪见，邪见会造作一切罪业，会招致地狱、饿鬼、畜生的苦报。如果有一点觉悟的心，知道自己有一个大智觉海，就不会让愚痴的黑风无端掀起惊涛骇浪了。

所以，对治贪嗔痴之病，要"以舍治贪""以忍治嗔""以觉治痴"。另外，对治心病还有五个重要的法宝，就是"五停心观"。《新华严经论》说："善治诸病者，世间四大不和病，以汤药治；如烦恼病，以五停心观、十波罗蜜治。"

五停心观是对治心中烦恼魔障的五种观想法门。分别是：

（一）以不净观对治贪欲。众生以秽为净，看到花美就贪爱，看到俊男美女就心动，因此产生种种的执着、烦恼。不净观就是教我们观想自他身体都是肮脏、不净的，比方，你觉得花可爱，你要想到花长在泥土里，上面有很多病虫，有很多细菌，这样你对花就不会执着了；你觉得那个人长得好漂亮、好美丽，但是如果了解这副臭皮囊是由因缘和合，只是一具带肉的骷髅，是不清净的，笔如此观想，自然贪爱、染污的心就能去除了。

（二）以慈悲观对治嗔恚。有的人经常无端发怒生气，恼乱他人；有的人看到别人行善，他不欢喜，看到他人行恶，他生嗔恨；有的人说，这个人我不喜欢，这个地方我不喜欢，这个时候我不喜欢；有的人总认为自己才是对的，别人所说都是错的，因此常与人争论，于是生起嗔恚。

慈悲观又称慈心观、慈愍观，可以对治嗔恨心。佛教以慈悲为怀，这是一句人人耳熟能详的口头禅。慈悲的定义就是拔众生苦，给众生快乐。一切佛法如果离开慈悲，是为魔法。慈悲就是佛性，慈悲就是智慧。慈悲是心存正念的服务济人，是无我无私的利益众生。慈悲是净化的爱，是不求回报的布施奉献。假如你有慈悲心，何必执着于自己喜欢不喜欢呢？慈悲不是佛教徒的专利，是一切众生共有的财富，人间有了慈悲，生命就会充满无限的意义。中国有句话说："仁者无敌。"套用佛教的话说，就是慈悲没有对手，慈悲可以克服一切的艰难。慈悲是身体力行的道德，不是用来衡量别人的尺度。真正的慈悲不一定是和颜悦色的赞美与鼓励。有时以金刚之力来降魔，更是难行能行的大慈大悲。

（三）以因缘观对治愚痴。有一种人，认为我与万事万物都是实有的，或认为是实无的，这是执着边见的愚痴；有一种人，认为人死了什么都没有，这是执着断灭的愚痴；有一种人，认为人死了还是会投胎做人，这是执着人生恒常的愚痴；有一种人，认为修行是要极端地吃苦，不吃不睡，这是执着苦行的愚痴；有一种人，认为修行是要积极的纵乐，这是执着乐行的愚痴。

愚痴是由于不明白真理，愚痴可以因缘观来破除。什么是真理，就是因缘。佛教的三世十二因缘，说明过去世、现在世、未来世是相续的。世间任何东西都不是单独存在的，是靠着很多的因缘，例如一间房屋，是由钢筋、水泥、木材、工人、建筑师等等的条件和合而成；米粒，是由种子、土壤、阳光、水分、农夫的灌溉耕种等等因缘而成。由此因缘观想，宇宙大众都是我的因缘，都在成就我，都是帮助我的好因好缘，因此我们应该心存感恩，要待大家好。如此懂得因缘法，就会知道众缘和合的奥妙，就能化愚痴为智慧了。

（四）以念佛观对治业障。有一些人因为过去世身、口、意的造业，招感很多业报，因此一生有诸多不顺：想要赚钱，却被人坑倒闭；想要行善，却被人毁谤；出外常遭受意外；做人做事乃至修行，常给人怨怪等。用念佛观可以对治业障，念佛观是教我们念佛观想佛的法身空寂无为，用来对治境界逼迫的业障；观想佛的报身功德巍巍，用来对治我人经常心生恶念的业障；观想佛相好光明的应身，用来对治我人容易昏沉暗睡的业障。

（五）以数息观对治散乱。我们的心念，一会儿停在美国大女儿身上，一会儿到了上海大儿子家里；一会儿住在天堂，一会儿堕入地狱；甚至时而心生善念，时而心萌恶念，可谓妄想纷飞。以数息观可以对治散乱心。数息观又叫"安那般那念"，是以数算自己的出入息，让散乱的心能定住在一境。

此外，佛教的"禅净双修"，禅定能统一自己，不让心念散乱，不让魔军得逞；念佛能净化心灵，念佛念得专心一致，也能降伏妄想、杂念的病魔，不致扰乱我们。佛教还有很多法门，像拜佛，拜佛必定要发愿，有愿就有力量抵抗魔军。

佛教讲发心，发慈悲心、惭愧心、菩提心，发心的力量奇大无比。再如提得起，放得下，以及智慧、明理等，都是无上的妙药，都可以治疗我们的心病。

现在社会上的心理咨询，可以说都远不及佛教的这许多妙法。尤其心病最主要就是从"我"而来。《般若心经》说："照见五蕴皆空，度一切苦厄。"把"我"空了，就可以去除心中的颠倒妄想。

不过，一般说"我执"容易去除，但还有"法执"。佛法所谓的"修行"，就是和八万四千烦恼魔军战斗，稍有不慎就被烦恼打倒了。因此，身心的疾病，一定要靠提高自己的力量，就如刚才讲的用智慧、慈悲、明理等来对治。一个练武的人，要有十八般武艺，学佛的人也要能统理一些正规军，也就是佛法的六度、四摄、八正道等。有配备才能打倒魔军，心理才会健康。

总之，要治心病，非靠自己努力不可。就像医生开药方给病人，但不能强迫病人吃药；若病人不吃药，病永远也不会好。同样的，佛法虽然能医治心病，如果你不依佛法的指示去做，你的病永远也不能痊愈。学佛，就是学习佛法，依佛陀的教导去实践，不只要完全相信，重要的是要确实去实行，否则就如"说食数宝"，自己不能受用，佛法再好，又有何用？

◆遇到情绪不稳、心情起伏不定，动不动就容易生气、冲动，克制不了自己情绪的人。请问大师，要如何帮助他改善这种情况呢？

星云大师：情绪不稳，仿佛只有三条腿的桌子；缺了一只脚，支撑力量不够，基础不好，当然就不稳了。

人也是一样，做人的心智不健全，情绪不稳，就会感到世间一切都不公平，因而对人生产生诸多不满，或是心生沮丧、愤恨，乃至嫉妒别人等。这许多不满、不平、不正的心理，就会造成情绪不正常，于是暴力、乖张、不讲理，言行就会有偏差。

情绪不稳，大部分都是自我不能控制，对外境不善处理。常听一些人说："我没有办法，我要发脾气！""我控制不了，我要打人！"因为控制不了，因此常常生起贪心、嗔心，于是情绪失控，自然是非不分，事理不明了。这都是由于自己的心智不成熟、心智不健全，自己喜怒无常，是非不分，善恶颠倒，因此任性乖僻。历代暴虐无道的帝王将领，大都因不能管理自己的情绪，导致国破家亡、身败名裂。

情绪失控的人，自己没有办法，当然要找别人帮忙！找谁来帮忙呢？拜佛，佛祖会帮助你！念佛！佛陀会加持你。你要打人，你要发脾气，可能一句佛号就能息下嗔心，自然就不会打人了。

要想控制自己的情绪，平时就要多读书，多读书就会明理；做人明理，对人尊重，则"敬人者人恒敬之"，这是自然的道理。或者抄经、禅坐、绘画、梵呗，乃至自我反省、知道惭愧、懂得苦恼、经常感动等，自然心地柔和，而不会情绪起伏不定。反之，经常怨天尤人，一直怪人，当然就会情绪失控，就会生起无明烦恼了。

《大般涅槃经》云："若与烦恼诸结俱者，名为无明。"学佛的人如果控制不了自己的情绪，经常与无明相应，是很难为情的事。所谓"自我之不治"，又如何去治理别人呢？所以我们要检视自己本身究竟有一些什么毛病，是生理的？是心理的？是思想上的？是见解上的？还是情绪上的毛病？你总要有一套方法来对治它。如果一直要靠别人帮忙，能有好因好缘，能遇到善知识指导你，当然最好，可是这样的好因缘哪里可能一直都跟随着我们呢？所以，自己要做自己的善知识，自己要解决自己的问题。

俗语说："解铃还须系铃人。"情绪是自己的，还是要靠自己解决。自己觉得很懒惰，就要勤劳；自己觉得萎靡不振，就要打起精神。要用感恩、知足、惭愧、反省、乐观、明理、感动、发心来对治。甚至平时就要养成不怪人，而要责怪自己的念头，要懂得"改心、换性、回头、转身"。人生重要的，就是要懂得一转，转迷为悟、转弱为强、转暗为明、转痴为智；懂得转化，人生就会有不一样的境界。

总之，做人做事不要有情绪，情绪乃无明业风。《观音义疏》说："业风吹坏五戒十善船舫，堕三途鬼国及爱见境中。"故要"以戒定慈悲，救恶业风"，否则当无明业风一起，生死大海就会波涛汹涌，人间就会暗淡无光，人性就会云遮日蔽，真理就会歪曲不正，所谓情绪之为害，实在不为不大呀！

◆请问大师：人有了烦恼的时候怎么办？例如有的人为了一句话、一个人或是一件事而苦恼，甚至因为没有钱、没有人缘而烦恼。当烦恼来了，应该怎么办呢？

星云大师：一般人，听到别人讲一句自己不欢喜听的话，他就烦恼；看到别人做一件自己不高兴的事，他就生气。其实这就是上当了。别人的一句话，我就生气；别人的一个动作，我就吃不下饭；别人的一个眼神，我就睡不着觉。如此轻易就让别人影响、左右，自己也太没有定力，太没有力量了。

现在人大都犯了没有力量的毛病，太禁不起别人的一句话。如果是好的东西，它必定能禁得起。像中国台湾的木材出口到美国，美国不要，因为在美国的干燥气候下，中国台湾的木头很快就会裂开，所以不合格，就会被人拒绝。

佛光山当初建西来寺的时候，所用的琉璃瓦也都要经过测验，能受得了几千摄氏度高热和足够的压力，才能采用。我认为烦恼也是一种压力，我们在烦恼之前，如果完全禁不起，就太可怜了，永远得不到平安，得不到安身之处。《俱舍论记》云："烦恼障重，以烦恼能引业障，业障复能引异熟障，如是皆以烦恼为本。"烦恼来了，你要面对它、化解它，如果你躲到房间里，还是会烦恼。烦恼是躲不了的，只有你去除它，把它赶出身心之外，才能得胜。

烦恼就叫"无明"；不明白道理，就会产生无明烦恼。烦恼来了，就像坏人来了，我所结交的良朋善友都会离开；烦恼来了，就像台风过境，山崩地裂，让我的心情不能平静。

烦恼从哪里来？有时是受外境引发而来，例如听不惯别人的话，看不惯别人的作风；另有一种是来自内心的烦恼，例如疑惑、嫉妒、心量狭小等。所谓"天下本无事，庸人自扰之"，这都是自己找来的烦恼。

有的人说话，说错了，被人家怪，当然要烦恼；有的人做错了事，被人怪罪，他也不开心。不过如果能够转念一想，"这是在学习"，也就不会烦恼了。

我们常常因人烦恼，因事烦恼，因语言烦恼。我们自己要有力量转化烦恼，要转烦恼为菩提。人会有烦恼，大部分都是愚痴、无明；无明就是不明白、就是愚暗。烦恼来了，要靠自己化解，别人的劝说、鼓励，都是一时的，烦恼的病因不去除，就不会有好结果。

如何对治烦恼？以下提供几点看法：

（一）和人相处，不要比较，不要计较。烦恼大部分都是从比较、计较而来的，我不比较，不计较，自然就少烦恼。

（二）烦恼来了，人家比我好，我祝福他。过去我曾讲过，你起大楼，我没有钱买房子，没有关系，我可以在你的屋檐下躲个雨，对我还是有利益；你买电视机，我没有，也不要紧，你坐着看，我可以在后面站着看一下；你建大庙，我只是个小庙，没有关系！我以后挂单，总可以到你那里吃一餐饭吧！世间有很多事你要想得开，看得开，不要嫉妒，自然就不会有烦恼。

（三）凡事不强求，不执着。不一定要求别人非要做到怎么样，也不要事事要求别人依着自己的方法做。人本来就各有各的个性、各有各的自由，如果别人不合自己之意就生气，烦恼就会趁着你心智脆弱、愚昧、无明的时候入侵。

（四）平时自己要有很多正当的兴趣、正当的工作、正当的习惯，这些都可以抵挡万千的邪魔外道。更重要的是，要发心工作，让自己忙起来，自然没有时间烦恼。平时多结交善知识，不跟烦恼人来往，因为借酒浇愁愁更愁，跟烦恼人来往，只有跟着一起烦恼。

（五）要常常自我反省："我不行，我不好。"《成佛之道》说："耻有所不知，耻有所不能，耻有所不净，回入于大乘。"如果只想到自己很好，经常自己原谅自己，总认为："我就是这样的看法，我本来就是这样嘛！"如此就不能改进自己，烦恼就无法去除了。

（六）待人亲切，奉行做好事、说好话、存好心的"三好运动"，就能少烦恼。因为你做好事、说好话、存好心，别人就会赞美你、尊敬你，当然就没有烦恼了。

此外，有了烦恼必定是自己的错误，要勇敢面对，要认错改错；就像有病的人，要承认自己有病，不肯承认有病，别人怎么替你治疗呢？宗教的用途就是解除我们的无明，减少我们的烦恼。但是佛法纵然再多、再好，如果我们一点也没有学到，就像一个人没有练功，即使有再好的刀、枪、剑、戟，自己也不能运用。如此不但不能降伏敌人，反而被对方给制伏了。因此，要用正心、正念做人处事，有了正心就能降伏一切烦恼魔障。尤其"佛法无量义，一以净为本"，要懂得自我净化，有了清净的心，烦恼自然无由生起了。

◆不管男女老少，人都有所"怕"，怕死、怕黑、怕鬼、怕人、怕生、怕痛、怕病、怕老等。请问大师有什么方法可以克服害怕的心理？

星云大师：人因为对未知的事物不了解，就会产生害怕的心理；就如我们害怕黑暗，因为黑暗我们看不到！如果凡事了然于心，自然就不会害怕了。我们平常总会害怕不熟悉的环境，一有风吹草动，就觉得有鬼。过去在我小的时候，每次自己一个人走路，常常觉得后面好像跟着一个鬼。这时我就想走快一点，一走快，觉得鬼走得更快！我的家又那么远，这个鬼一直跟在我的后面，怎么办呢？那时自己还很小，也还没有出家，就停下来回头看，没有鬼嘛！于是，那个时候我就懂得训练自己，我知道根本没有鬼，何必怕呢？

我想，人会害怕的原因，就是不明真相。所谓"一朝被蛇咬，十年怕草绳"，一旦被蛇咬了，连绳子的影子都怕。有些人胆小、怯弱，叫他上台讲演，他说："我不敢！"要他去会客，又说："我不敢！"无论做什么事都推说："我不敢！"为什么不敢，就是因为怯弱！这是一种毛病。我们一定要勇敢面对一切事，因为"要得会，人前累"。

现在台北有一种训练，叫作"丢丑训练"。丑媳妇总要见公婆，就是要禁得起在人前丢脸，才会坚强。例如买个电器类的东西，要知道好坏，要禁得起关关弄弄。

人为什么会怕？怕失去！怕失去爱情，怕失去金钱，怕失去权势，怕失去地位，怕失去荣耀。已经拥有的，害怕失去。也有很多人怕老鼠，可是老鼠是怕人的啊！你怎么怕老鼠呢？真是颠倒！怕蟑螂，蟑螂应该是看到人就要赶快躲起来的，你怎么怕蟑螂？这是莫名其妙的怕！

人也怕灾难，怕台风、怕地震、怕泥石流等等自然界的灾害；怕被抢、怕坏人、怕土匪，但是怕也没用啊！躲避也不是办法。知道台风要来，就要加强门窗的防护；泥石流来了，就躲到安全的地方。甚至地震来了，你也要有地震的常识啊！基本上，木板的房子不容易倒塌，即使地震来了，它有弹性，会随着摇摆。住在高楼，愈高摇得愈厉害，即使逃跑，也来不及！所以不必慌张。你要有防备地震的方法，比如躲在结实的台子下面或柱子旁边，还是有空间能够给我们安全。人若是一味地慌张失措，反而不能躲避灾难。

其实，外来的灾难再大，都有防范的措施，人最怕的是"迷信"，迷信很可怕。过去有个电影明星叫林雁，她在美国买了一栋很漂亮的房子，虽然她也皈依过三宝，不过她迷信风水，就找来一个地理师，地理师告诉她，房子里面有三个鬼！她是单身女性，一个人独自住在一栋房子里，每天到了晚上，想到自己是跟三个鬼住在一起，害怕之余干脆将房子卖了。后来又换了一栋，她想这一次再请地理师看一下，应该没有问题了。地理师又说，这里面阴气很重！她心里更加害怕，不能安心，最后只有用枪自我了断生命。

实际上鬼有鬼的去处，我也不是说没有地理风水。所谓："人有人理，天有天理，情有情理，道有道理，地有地理。"但是地理不是从方位上来看的，例如同一条街上，门面朝东的商店，几家赚钱，几家失败，你说哪里有方向？其实做生意赚不赚钱，是要看产品的好坏，要看经营者的管理，要做市场调查，而不是看地理风水，所以凡事都有它的因果！

迷信很可怕。我们对治恐惧，就是要有智慧、要有常识。我们认识台风，就不会害怕台风；我们认识地震，就不会害怕地震；我们认识鬼有鬼的世界，畜生有畜生的世界，大家各有各的世界，不相妨碍。其实，鬼是不会随便侵犯人的，人不要自己找麻烦，不要鬼迷心窍！不要惹鬼上门！本来没有的事情，因为自己迷信，自己找个鬼来。像台湾有人养小鬼，到最后往往会惹出很多的麻烦来，因此不要迷信，要有智慧。

佛祖在时，有一个优婆先那比丘被毒蛇咬伤，虽然毒性发作，眼看着就要气绝，但是他一点也不害怕，一点也不挂念。他说："我是观空的，毒蛇能咬我的身体，它能咬空吗？"遂从容死去。能与虚空同体，就不怕了，不怕反而可以躲避很多灾难。

一个人有慈悲，慈悲就没有敌人，慈悲的人到处行得通；有智慧，能明白一切，就不会害怕；勇敢、自信、正念，懂得转移注意力，就不会害怕。有时候我们走夜路，要依靠灯；一个人胆小，可以多找几个人做伴。对外境的害怕容易解决，而内心的惧怕是从怯弱、无知而来，要自我训练。

我从小就常常自我训练胆量。对日抗战时期，我曾在死人堆里面睡过觉；在枪林弹雨里来去的经历，我也有过。初来台湾，住在台北善导寺的功德堂，因为最下层没有人供骨灰，我就弄个空间睡觉。回忆起 1951 年花莲县大地震，全台湾天摇地动，善导寺的骨灰坛都被震得斜了过来，我就跟骨灰说："你们可不要掉下来，会打到我啊！"当时我的注意力就是骨灰坛不要打到我，完全没有想到别的事情，因此不觉得害怕。

过去我曾看过很多狐鬼的书。狐鬼很善良，都是报恩的，你对他好，他就会加倍保护你。有时我也在想，假如我有一个鬼朋友，那也很好，当然我希望佛菩萨来，不过鬼来也不要紧。有这个心理预备，即使真的遇见鬼了，因为心理有准备，自然不觉得害怕。

我觉得鬼并不可怕，倒是人比鬼更可怕。在《二十五史》的《晋书》里有个故事说：

南阳有一个人叫宋定伯，有一天夜晚赶路时，在荒野中不巧遇见了鬼，他壮起胆子问道：

"喂！你是谁呀？怎么走路一蹦一跳的？"

"我是鬼啊！咦！你又是谁呀？"

宋定伯一听，糟糕！今天怎么活见鬼了，如果坦白告诉对方自己是人，会不会遭遇不测？一个转念，骗他一下：

"我也是鬼呀！"

"喔！你也是鬼呀！那你要到哪里去呢?"

"我要到京城去呀!"

鬼一听非常高兴，就对宋定伯说:

"好极了！我也刚巧要到京城去，咱们正好结伴同行。"

宋定伯无奈，只好硬起头皮和鬼一前一后地走着。一人一鬼走着走着，走了一段路之后，都觉得有一点疲倦了，鬼提议说:

"路途遥远，这样子走法实在太辛苦了，不如我们轮流相背着走，既可赶路，又可休息，你看好不好?"

"好呀!"

"那我先来背你。"鬼说完，就把宋定伯往身上一背。"哎呀！怎么这样重啊!"

宋定伯听鬼一问，赶忙撒个谎说:

"因为我是个刚死的鬼，所以比较重嘛!"

鬼信以为真。一人一鬼又继续走着，走到了一条水涛涛的河边，鬼指着河说:

"现在我们只好游泳过去啦!"

说完纵身一跃，"呼"地一声，好像云雾飞扬一般，轻飘飘无声无息地就游到了对岸，转身看到宋定伯在水中费力地划动双臂，发出"澎通澎通"的巨响，慢慢地游过来。鬼着急地赶到岸边，气急败坏地说:

"喂！你怎么游得这么响呀？给人听到会吓坏他们的。奇怪！你的声音为什么会这么大?"

宋定伯看到鬼在疑心，赶快搬出人的伎俩说:

"我刚死，还没有学会游泳啊!"

上岸之后，又起程赶路，宋定伯心中暗想：今天真霉运，碰见了鬼，总要想个法子摆脱他才好。于是装出一脸谦虚求教的诚恳样子，说："喂！老兄！我刚刚才死不久，对于我们鬼的情形都不大明了。你是经验多，请告诉我，我们鬼道的众生最害怕什么?"

"我们鬼最害怕人类的唾沫，万一有人对我们吐痰，我们就一点办法也没有了。"鬼很诚意地回答他。

这时天际渐渐现出鱼肚白，天色快要破晓了，一夜的疲累，眼看着也快到京城了。宋定伯趁着鬼没有注意的时候，往鬼的身上吐了一口浓浓的痰沫，只见鬼痛苦地扭着身子在地上翻滚打转，转着转着，变成了一头驯服的小山羊。宋定伯于是把这头羊牵入城里，卖了一千钱。

鬼其实并不可怕，有时候人比鬼更可怕，不过胆小怕鬼的人，还是很多。如果真的害怕，心生智慧，自然就不怕了，不然就要靠外力的帮忙。但是人还是要靠自己，平时多结缘，有了善因善缘，即使半夜遇到鬼了，也会有好人来帮忙的。

◆人大都有很多不良的习气，像酗酒、赌博、好财、贪色、恶言相向、喜欢谈论是非八卦等。请问大师，有了恶习要如何去除？

星云大师：平常我们讲"烦恼易断，习气难改"；也有人说"江山易改，本性难移"，指的就是说人的习气不容易更改。

在佛法来讲，重的过失是烦恼，轻的过失叫习气。其实，人难免有烦恼、有习气，甚至"罗汉断三界结尽，而习气未除"（《大般涅槃经集解》）。所以即使证悟的大阿罗汉，有的也喜欢照镜子。因为他过去做过几百世的女人，习惯了，因此即使出家了，还是习惯要照镜子。这就是过去的习气使然！

佛陀十大弟子之一的大迦叶"闻歌起舞"，也是习气；憍梵波提尊者习惯呿嘴，就像牛吃草时一样，因为憍梵波提过去世做牛，牛就是要反刍，所以时间久了就成为习惯。这也是习气！

有的人讲演，习惯低头不看人，是习气；有的人看人眼光凶狠，让人觉得好可怕，是习气；有的人好吃什么东西，好买什么东西，也是习气。

在禅门里，每个修道者拥有的东西越少越好，所谓"衣单两斤半，随身十八物"，一个人东西越少，欲望就越少；东西越多，所带给我们的困扰、烦恼也就越多。

然而，现代人的东西太多了。拥有、贪多是坏习惯。不过这也难怪，有人说"大过不犯，小过不断"，小过就是习气。乃至大菩萨，虽然已经到达等觉位，为何不成佛？因为他"留惑润生"，他要留一分无明，留一点习气，好让众生亲近他。为了救度众生，菩萨愿意放弃个人的成就，所以成佛必须把所有烦恼都断除。

至于如何才能对治恶习？首先要靠自我观照，要看自己的心，看自己的毛病。然而，一般人的眼睛都是用来看别人，常常指责别人这个不对、那个不好。其实《大乘要语》说"习气不离心"，所以我们应该要看的是自己的心，自己的毛病！

当然，有的人酗酒、吸毒，要靠医药的帮忙，但也要自己肯下定决心断除。其他如赌博、恶口等，也要靠自己有心革除。所谓："友直、友谅、友多闻。"有人说我可以找好朋友来规劝、教诫。自己找好朋友来做管理员，要知道，靠别人来规劝我、帮助我，还是有限的，自省自觉才是革除恶习的重要方法。

有一个总经理喜欢骂人，虽然他知道发脾气会让员工离心离德，自己也有心想改，但就是改不了。终于他下定决心，用一个牌子写"戒嗔恚"当座右铭，提醒自己不要发脾气，一副决心要改的样子。有一天，他听到公司的同事在谈论："我们总经理就是这个脾气不好！"他一听，火冒三丈，当下拿起"戒嗔恚"的牌子往那人身上丢去，说："我早就改脾气了，你为何还要说我的脾气不好。"

人往往不知道自己，这是最大的恶习。人常常要求别人十分，要求自己零分，都是"严以律人，宽以待己"，日久自然成为习惯，这就是习气。

如何改习气呢？我想除了勇敢认错、决心改过，还要有大智慧、大忍力。忍，有生忍、法忍、无生法忍。如我在《佛光菜根谭》所说："消得一分习气，便得一分光明；除得十分烦恼，便得少分菩提。"我们有了无生法忍的智慧，自然能消除业障，去除恶习。就如明镜蒙尘，要经常拂拭；铜铁生锈，要勤加上油。又如衣服脏了，要用清洁剂洗涤；地毯脏了，就用吸尘器除污。

革除恶习如果只想依赖别人的帮忙，是改不了的；一定要靠自己的恒心、毅力，要时时自我砥砺。就等于"真金要靠洪炉炼，白玉还须妙手磨"，只要自己肯下决心，不断自我鞭策，久而久之，习气就能慢慢消除。

◆家中有智障儿、精神病患、植物人或失忆症的病人，家人应该如何坦然面对，共渡难关?

星云大师：现在社会的科技文明十分进步，但人间的苦难并没有因此而减少，反而社会越进步，苦难愈多，例如智障、残障、植物人、精神病、失忆症、玻璃人等等。如果家中有这样一个残障的人，带给全家人的负担、挂碍、不方便，真是无以复加!

但是，世间很多事，是福是祸也不一定。所谓："塞翁失马，焉知非福。"据我所知，有的家庭因为有残障儿而因祸得福的人也很多。例如，瑞士华人联合会会长何振威先生，一家十几口能从越南移民到瑞士，是由于家中有一名智障的小孩，因此获得优先移民瑞士的资格。瑞士对残障人士很保护，每个月政府提供 3000 美元的资助，因此全家十几口得以过活。我到瑞士去的时候，他说这个小孩真是家里的宝贝，是全家人的救命恩人。像这类的故事很多。

另外，也有父母生养健康的儿女，千辛万苦送他们到外国去留学，读了硕士、博士后，就在外国不肯回来，父母乏人照顾。所幸家里还有一个残障的儿子，于是靠着他的因缘获得政府补助，得以让父母养老，后来这对父母说："我有一个残障的儿子，这是我的福气。"

所以，有残障的家人，到底是福是祸，不可以一概而论。尤其有的人因为家有植物人或智障儿，更容易激发菩萨爱人的慈悲心。像香港的杨女士，生养了一个残障儿，让她看到人生的苦，因此选择行菩萨道，发心布施，利益众生。

世间的好与不好、幸与不幸，都不是绝对的，重要的是如《法华经》中常不轻菩萨说："我不敢轻视汝等，汝等皆当作佛。"甚至《大方等大集经》说，菩萨也有百八因缘着痛。所以对于家里有残障的亲人，更应该发挥爱心，不可以嫌弃。这都是因缘，能用佛法的角度来看待，知道这一切都是给我们有机会来行慈悲，让我们有机会接受考验，就会欢喜接受、勇敢面对。

有一次我在台北佛光缘美术馆，遇到两位没有手，却非常有名的画家兄弟杨正华、杨正隆，希望他们跟我照相。像这种"残而不废"的人很多，只要家人用爱心去爱他们，他们通常都会有非常优秀的表现。我在南华大学主持毕业典礼时，有位生来就没有手的小男生李志强，与正常人一样读书，现在已经获得硕士学位，而且是个计算机软件程序设计的专家，他靠一只脚，自己洗衣服、吃饭，都不需要别人帮忙，甚至穿针引线、打计算机的速度，都比一般正常人要快。

我也看过大陆一些残障人士，他们残而不废，残而更加坚强。另外，台湾现在有很多残障人士，也经常在媒体中发言，都得到很高的尊重和成就。所以，天生我才必有用，在教育、爱心呵护之下，残障人士只要努力，还是能有所作为。

"月亮不一定要圆满，残缺也是一种美丽；人生不一定要拥有，享有也是一种福气。残缺生命，也能写成美丽的诗偈。"我们要歌颂残缺之美，要承认残缺的另一番成就。甚至世间的得与失，本来就不是绝对的。例如盲人虽然眼睛看不到，但是他的耳朵往往特别聪敏；哑巴不会讲话，但是头脑特别清楚。人类的潜能，虽然要靠五体四肢来帮助发挥，但是如果有了残缺，却能"人残心不残"，心智健全，这样的人生还是能发挥一番作为的！

◆**如果染上了传染性疾病，如SARS、艾滋病、性病、肝病、肺痨、疟疾、皮肤病、天花，甚至小小感冒等，要如何护理，以避免传染他人呢？**

星云大师：不幸染患传染病，最重要的就是发挥公德心与守法的精神。台湾前不久的SARS防疫战，最大的问题就是人民缺乏守法的精神。

例如防治传染病的第一个重要工作，就是实施隔离，但是有人不肯接受隔离，带着病菌到处传播。这就是台湾 SARS 防疫失败的地方。

大家不守法、不遵守隔离政策，有病不肯隔离，于人于己都是有害无益。养成守法守礼的精神，这是自爱，也是对他人的尊重。像戴口罩，不是只有防备自己受到感染，也是尊重别人，是一种礼貌。再如使用公共物品，自己有了传染病，就不能跟别人共享。这是一种公共的道德，也是守法的精神，这种观念要建立。

在目前的传染病当中，艾滋病最令人闻之色变。根据统计，台湾 2002 年就有两千多人死于艾滋病，这次 SARS 的传染也死了八十多人。传染病有时候是接触传染，有时候是空气传染，有时候是通过血液、唾液传染。不过这一次 SARS 的传染，对台湾也带来了正面的教育功能，例如大家勤于洗手，要懂得保持环境的清洁，懂得自爱与尊重别人。尤其 SARS 防疫期间，在实施隔离的政策下，不少人在家读书，无形中带动社会读书风气。例如佛光山的人间佛教读书会，一下子便增加了许多读书会，提供大家读书、增长智慧的机会，增加民众的知识、内涵。

谈到社会的传染病，其实哪个时刻、哪个地方没有呢？在历史上，包括希腊、罗马的衰微，都跟传染病有关；中国的明朝所以亡国，不仅是兵力的问题，传染病肆虐也是一个原因，人民死于传染病者不计其数，致使无人打仗，一个国家就这样灭亡了。所以传染病的肆虐，实在很可怕。

其实，我们的社会，除了病菌的传染、毒素的传染之外，思想的传染、知见的传染、谣言的传染，更是可怕。染上传染病，应该遵守公共的道德、遵守社会的法律，不去危害别人。可是我们的社会有一种怪现象，有很多人生了重病，心有不甘，便故意用各种方法将病传染给别人。他认为一个人死了太寂寞，要多几个人陪他一起走，像这种不正常的心理，就是没有道德心。

根据《撰集百缘经》说，佛陀在过去世时，因"修行慈悲，和合汤药，用施众生，以是之故，得无病报"。所以，我们欲得社会健全、个人无病，除了遵守公共的法律、公共的秩序外，尤其要倡导、重视公共的道德。培养守法、守纪、守德的观念，尤其要发挥慈悲爱人之心，这是我们不容忽视的课题。

◆天生有了残缺，乃至身材矮胖、长相丑陋，甚至聪明才智、学经资历、家世背景等条件，处处不如人。这种人应该如何从自我的观念中获得心力的成长？

星云大师：人无十全十美，有很多年轻男女常因太矮或太胖而自卑。其实太矮、太胖也不是不好，天塌下来有高个子去顶。矮一点的人做衣服，布料可以少一点。甚至丑一点也无所谓，出家人丑僧俊道，有很多人也为美丽而悲哀，美丽不见得就绝对的好。"自古红颜多薄命"，因为美丽而被人泼硫酸，甚至被杀害、被强暴，都是因为长得太美了。妙贤比丘尼也曾因美丽而苦恼，所以人长得矮一点、胖一点、丑一点，才安全啊！

有时学经历不如人，这也不是不好。我常有个感觉，有人要高学历，高到最后"高处不胜寒"，读到博士学位，最后没有人缘，把前途都给读完了。台湾有一段时期，很多人求职不以大学文凭，而拿出高中、初中的学历，因为高学历反而找不到工作，高中、初中毕业的人，反而容易找到工作。因为大学毕业的人都要求坐办公桌，要求高薪资，天底下哪里有那么多好工作等着你呢？所以一个人只要肯从基层做起，不要求高的待遇，反而增加自己的优势。

一个人就算自己残缺不全，就算条件不如人，虽然外在的资源不够，但是能接受事实，并且发挥逆向思考，也能发挥自己潜在的专长。例如我的才智不如你，但是我比你慈悲、比你发心、比你亲切、比你有人缘，我可以改变现状，创造新的机缘。甚至我人丑，你们都不跟我讲话，也没有关系，我可以有很多的时间读书，借此充实内涵。

残缺也是美！在《人间福报》的"迷悟之间"，我曾发表一篇《缺陷美》，提到爱迪生耳朵聋了，却能发明电灯，带给人类光明；海伦·凯勒是一个十不全的女士，却能成为世界的伟人。花莲原住民蔡耀星，虽然双臂残废，却连续勇夺三届的游泳冠军，人称"无臂蛙王"；罹患类风湿症的刘侠女士，虽然手脚不灵活，却长年写作不断，成为著名的作家。

俗话说："人比人气死人！"我想，人有缺陷不要紧，只要心理健全，在智慧的前面，大家是平等的；在发心功德的前面，大家也是平等的；在修行的道路上，大家都是平等的。如果我们都能以平等心来奋斗，用智慧来赢得人缘，用信心来自我肯定，相信必能活出自我，活出希望，活出自己的未来。

◆有的人眼光短浅、心胸狭隘，在心理上看不到更大、更好、更美的前景，看不见欢喜、彩色、光明。对于这种心理的愚暗，如何点亮心灵的灯光？

星云大师：国际佛光会每年都会举办"禅净密万人点灯法会"，不过那是点有形的灯，重要的是要点亮自己心灵的灯光。一个人、一本书、一所学校、一个道场，都可以成为照亮心灵的明灯！

《观心论》说："灯者，觉正心觉也；以智慧明了，喻之为灯。是故一切求解脱者，常以身为灯台，心为灯盏，信为灯炷，增诸戒行以为添油。"一个人能点亮自己心灵的灯光，不但可以看到世间的万象，还可以和它们建立关系；心灵的灯光亮了，不但可以看清人我的关系，还可以建立人我之间更好的因缘。

心灵的灯光是什么？智慧的灯、慈悲的灯、善美的灯、明理的灯、道德的灯、惭愧的灯。你要点亮哪一种灯呢？

一个人有学问，他就像一盏明灯，学子就会向他集中而来；一个人有道德，他就是一盏明灯，求道者自然会慕名而来；一个人有能力，又肯助人，他就像一盏明灯，日久自然会近悦远来；一个有慈悲心的人，他就是一盏明灯，很多人都会心无挂碍地向他投靠。

一个人，既然可以像明灯一样，我们自问：我可以做家庭中的明灯吗？我可以成为小区里的明灯吗？我可以点亮社会上的明灯吗？我可以是照亮全人类的明灯吗？

灯，代表光明；灯，给人安全之感。灯是黑暗的明星，愈是阴暗的地方，愈需要灯光的照明。航海者，因为灯塔的指引，得以知道方向；飞机夜间飞航，也要靠灯光的指引，才能安全降落。佛前的一盏明灯，给予迷暗的众生增加了无比的力量。

高山丛林，为什么鸟兽聚集？高山丛林就像是鸟兽的明灯，可以作为他们的依靠；江河海洋就像是鱼虾的明灯，使它们可以获得安全的庇护。

灯，不要别人替我们点燃，要我们自己去点！我们自己的心灵就是手电筒，自己储蓄能源，随时都可以点亮心灯。

所以，《观心论》说："智慧明达，喻灯火常然，如是真如正觉灯明，破一切无明痴暗。能以此法转相开悟，即是一灯然百千灯。"

灯，给了我们光明，光明的可贵，让我们看得到前途。但是，人往往因为内心没有光明，所以无明烦恼。因为无明烦恼，所以障蔽了智慧之光，所以人生没有希望、没有未来、没有欢喜、没有色彩。这都是身心的毛病。

讲到治疗身心的毛病，十分之一二是靠外缘，靠别人帮忙，十分之七八，则要靠自己自立自强。《地藏经》说：我们诵经的功德，亡者只能得到七分之一，七分之六是诵经的人自得。所以一切还是要靠自己比较重要，要别人来帮忙，已经是差人一等了。因此，唯有我们自己点亮心灵的灯光，才能照亮前途，才能活出希望。

◆自私执着是人的劣根性，有的人因自私自利，凡事只想自己不管他人，甚至固执己见、贪嗔、愚痴、嫉妒、傲慢、无惭、无愧等习气，常常导致人际关系不协调，应该如何改善？

星云大师：人生的烦恼有千万种，身体上有老病死的烦恼，心理上有贪嗔痴的烦恼，其中最难处理的根本烦恼就是"我执"。我执就是八万四千烦恼的统帅。因为执"我"，所以我疑、我嫉、我见，烦恼不已。

《大方广三戒经》云："以执着故，为意所害。谓可意法、不可意法，若为所害，则为所欺。所谓地狱、饿鬼、畜生，及与人天诸所害者，皆由着故，为其所害。"

有些人落水要命，上岸要钱，这是因为执着自己的生命比金钱重要；有些人在名利之前罔顾仁义，是因为他执着名利，认为名利比仁义重要。不好的习惯，不容易改进，因为执着；不当的言行，不容易纠正，也是因为执着。在生活中一些认知上的执着、思想上的执着、观念上的执着，如果是有事有理者还好，有时候执着一些非法的言论思想、执着一些非法的邪知邪见，则叫人难以相处包容了。

一般人都要求别人要做菩萨、要对人慈悲、要宽宏大量。但自己却不愿付出，自己自私、执着、无明，缺陷很多。

其实世间上无论什么事，都是一分耕耘一分收获，即使你是释迦牟尼佛，也要苦行六年之后，才能在菩提树下开悟；即使你是耶稣，也要被钉上十字架，代众生受苦难，才能赢得尊敬。就说观世音吧，也要救苦救难，而不是等着别人来救你；你要做地藏王菩萨，也要发愿："我不入地狱，谁入地狱。"所以想要有所收成，就必须播种。

现代很多年轻人，年轻气盛，常常自我执着，自私自利，不懂得待人处事的道理，走到任何地方，常常不服气主管领导，常跟同事抗争，因此人际关系不和谐。

怎么样才能和谐人际关系？我今年（2003 年）77 岁，最近悟到一句话，就是"待人好"。这是今年（2003 年）4 月我到日本本栖寺时，有一位徒众问我怎么样跟大家相处，怎么样立身处世？我说："要待人好！"只要你待人好，人家就会待你好，这是不变的真理。你想要人家怎么待你，你就先要如此待人。现在的人最大的毛病，就是要人家待我好，但是我待别人不好不要紧，这就是不明因果。

待人好就是待自己好，甚至比待自己好更重要。待人好不是虚伪做作，也不是临时起意，待人好的性格，要在平时养成。

所谓"敬人者人恒敬之"，你希望别人待你好吗？那你就应该以希望别人待你好之心，一转而为你待人好，如此自然就会无往不利了。

佛教对宇宙人生的看法

佛教常讲：佛法是宇宙人生的真理。何谓"宇宙人生"？佛教对宇宙人生又有什么看法呢？

2006 年 3 月 5 日，星云大师在西来大学主持的第五天远距教学，主题就是"佛教对宇宙人生的看法"。大师从"缘起"的观点来探讨有关"宇宙人生"的各项问题，内容包括：宇宙的组成、人生的意义，以及如何面对宇宙世间的无常变化、如何体证宇宙的奥妙等。

大师表示："缘起法"是佛陀在金刚座上、菩提树下悟出的真理；"缘起"说明宇宙万有都不能单独存在，彼此是互为因缘关系的存在。世间举凡人从出生到死亡，以及山河大地，甚至日常生活中的各项物品，都是"仗因依缘"而有。因为世间一切都是因缘所生法，所以是"无常"变动的，因此宇宙有成住坏空、人生有生老病死、时间有春夏秋冬、心念有生住异灭等变化，此乃世间实相，无法改变。

虽然"无常"是世间实相，无常总是让人感到无奈，甚至心生畏惧，但是大师勉励大众：由于世间无常，因此无有一法能够恒常不变；但是"无常"可以让好的变坏，"无常"也可以让坏的变好，例如贫困的人只要勤奋努力，总有致富的时候。所以"无常"很好，因为无常，人生才有无限的转机。

座谈当天适逢洛杉矶正在举行"奥斯卡金像奖颁奖典礼"，大师一开场就打趣说："今天能把各位从奥斯卡里抢救到这里来听佛法，你们善根深厚。"大师的幽默，立刻引来大众开怀的笑声。以下是当天的座谈纪实。

◆宇宙浩瀚无边，如佛教的经典讲"三千大千世界"，可见早在两千多年前佛陀已经知道"天外有天"，佛陀可以说是最早揭开宇宙奥秘的天文学家。现在想请问大师，宇宙是什么？宇宙和人生有什么关系？宇宙到底有多大？宇宙又是如何组成的呢？

星云大师：一般佛教徒都知道，两千五百多年前释迦牟尼佛在菩提树下、金刚座上开悟成佛。佛陀开悟，悟的是什么道理呢？一般人都说，佛陀悟的是宇宙人生的真理。那么宇宙人生又是什么？宇宙和人生有什么关系呢？

所谓"宇宙"，以中国话来解释，就是：上下四方的空间为"宇"，古往今来的时间为"宙"，也就是一切空间、一切时间组合起来，称为"宇宙"。

在佛教里，宇宙和人生，统名为"世间"。世间就是时间和空间的合称：过去、现在、未来等三世的时间，叫作"世"；东、西、南、北、上、下等十方的空间，叫作"间"。所以"世间"其实就是"宇宙"，"宇宙"又名"世间"。在广大的宇宙里，森罗万象，林林总总，不一而足，佛法将它们总括归纳为"有情世间"与"器世间"。亦即众生所依靠的宇宙国土，叫作"器世间"；众生由惑造业所感的有生死存亡的色身及其国土，叫作"有情世间"。

器世间不但提供一切有情众生活动的空间、场所，并且供给平日赖以生存所需的事物。譬如山河大地、各种矿物，以及水火风电等，乃至太阳所发出的光热，都是我们生存所不可或缺的要件。

世间一切都是因缘所生法，任何一法的存在，都是"四大"因缘和合而有，四大就是地、水、火、风等四种元素。宇宙间，不管我们赖以生存的大环境，或是一切生命的存在，没有一样不是仰赖地、水、火、风等四大元素结合而成。譬如一朵花的绽放，要有肥沃的土壤，土壤属于"地大"，另外还要有水分、日光、空气。这些就是"水大""火大""风大"，如果缺少一大，花儿就不能盛开了。

又例如由泥土烧成的杯子，泥土是属于地大，泥土掺和水，加以火烧，故有水、火二大；再经由风吹成固体而为杯子，故有风大。就以有情众生的色身来讲，也是四大侵合而成，例如人体的毛发爪齿、皮肉筋骨是坚硬性的"地大"；唾涕浓血、痰泪大小便是潮湿性的"水大"；体温热度是温暖性的"火大"；一呼一吸是流动性的"风大"。人之所以能生存，就是因为四大和合，如果身体有一大不调，就会呈现病相，所以宇宙万有都是由四大和合而成。

宇宙和人生的内容十分浩瀚精微，道理极为玄妙深奥，不是用三言两语就能解释明白。不过简单地说，宇宙人生都是"因缘所生法"，也就是"缘起"而有，这就是当初佛陀所开悟的真理。

至于说宇宙到底有多大？根据现代科学家研究的结果证实，我们所生存的地球面积只有太阳的一百三十万分之一，换句话说，太阳是地球的一百三十万倍大，而在辽阔的虚空之中，一个银河系就大约有两千亿个太阳，宇宙里的银河系又多达几百万个，如此一想，可知宇宙的浩瀚深广，真是无可比拟。

但是如果从很小的微尘方面来说，现代物理学把物质分解成最小的单位，叫作原子、电子、中子，而微尘比中子更细微。平常我们看牛毛是很细小的物质，可是牛毛的尖端用高倍度的显微镜放大来看，还可以发现更多更小的成分。这种比一般观念还要细微了几万倍的情形，就是微尘。在佛教里，大的空间叫佛刹、壶空，小的叫微尘，名称虽然不同，却都称为"三千大千世界"。一个"三千大千世界"为一佛的化境，称为一个佛土。而宇宙中有无数无量的三千大千世界存在其中，佛经称为"十方恒沙世界""十方微尘世界"。所以，如果要问宇宙到底有多大，只能说宇宙至大无外，至小无内，宇宙是无量无边、无垠无涯的。

由于宇宙世间提供我们生存的条件，与我们的生活息息相关，所以我们理应关心我们的宇宙世界。诚如南宋理学家陆象山说："宇宙的事，乃我们自己分内的事；我们自己分内的事，也就是宇宙分内的事。"

只是，以凡夫众生浅薄的知识，实在无法了解广大无边的世界，因为宇宙之大，即使利用最快速的光，也无法绕遍整个宇宙。因此，我们与其向心外的世界探讨，不如"返求于心"，向自己的心内追求。如明朝王阳明先生说："宇宙是我的心，我的心就是宇宙。"古德也说："若人识得心，大地无寸土。"又说："心外无一法。"乃至唯识家的"三界唯心，万法唯识"。这些都是告诉我们，世界只是我们心中的一朵云彩罢了，因此如果我们能将宇宙纳于胸中，对宇宙万物便可以了然于心，因为法界之宽，其实也只是在当下的一念而已。

◆人类为了在天地间生存，自古以来就与大自然搏斗；对于未可知的宇宙，中国人向来有"敬天畏神"的观念。请问大师，渺小的人类应该如何与大自然相处呢？

星云大师：佛教讲"众生皆有佛性"，意思是说，每个人都有成佛的性能；既然人都有成佛的可能，为什么要妄自菲薄，为何要把自己看得很渺小呢？所以我认为每个人都应该活出生命的尊严，须知我们的自性与佛无异；凡夫和佛只是迷悟不同，所谓"迷即众生悟即佛"。佛是已觉悟的众生，众生是未觉悟的佛，佛性人人本具，个个不无。因此我经常在主持皈依三宝典礼时，勉励大家要承认"我是佛"，只要我们有"我是佛"的认知与承担，就能顶天立地，就能与佛同在。

不过，人虽然不可以看轻自己，但也不能骄矜自傲，人在宇宙间生存，要懂得谦卑，要和宇宙自然和平相处，建立"同体共生"的关系。因为世间万物都离不开"缘起"，生命要靠彼此相互依存的因缘关系才能存在。例如，在现实生活里，我们吃一顿饭，要靠农夫耕种、商人贩卖、典座烹煮；穿一件衣服，从缫丝、织布、裁缝、成衣，是历经别人多少的辛苦所成；我们居住的房屋，有赖农夫植林、工匠砍伐、建筑师设计、工人营造等因缘和合，才能让我们遮风避雨。可以说，我们日常的衣食住行，乃至娱乐等，都是由十方众生的因缘共同成就，所以我们应该心怀感恩。

此外，大自然的鸟叫虫鸣、鸢飞鱼跃，使我们置身在多彩多姿的世界中。我们的生活里离不开阳光、空气、水等自然的资源，所以自然与人的生活息息相关。自然不但孕育了生命，自然本身其实也有生命，因为"生命"的定义不在于一息尚存，而在于是否具有"用"的价值。山河大地等能够为人所用，于人有用就有生命，所以自然界的鸟叫虫鸣、飞瀑流泉、万紫千红、绿叶婆娑，触目所及都是欣欣向荣的景象，都有活泼泼的生命。甚至如果我们用心领会，所谓"溪声尽是广长舌，山色无非清净身"，宇宙中的森罗万象哪一样不是从自己的生命中自然流出？所以我们要尊重自然，爱护自然，珍惜自然。人类可以利用自然，但不能剥夺自然，否则大自然也会向人类反扑。中国有句话说："天作孽犹可违，自作孽不可活。"因此谈到如何与大自然和谐相处？首先应该从爱护大自然做起，也就是要重视环保。佛经里有一位睒子菩萨，他每走一步路都怕把大地踏痛，每说一句话都怕把大地吵醒，每丢一个东西都怕把大地污染。因为大地普载我们、生养我们、成长我们，我们就应该爱护它，不可以糟蹋。

总而言之，我们生存在地球上，就应该爱护地球，地球上的河流、大海、森林、高山、动物等，其实也如同人体的组织一样。例如，河流如血脉，川流不息，可以顺利运送养分；大海如肾脏，保持洁净，可以发挥新陈代谢的功能；森林如心肺，减少砍伐，可以做良好的空气调节；高山如骨骼，减少挖掘破坏，可以保持地球水土的均衡；动物如细胞，不去捕猎杀戮，可以维护生态的平衡。大地的资源能够维护长久，后代的子子孙孙才能在地球上安居乐业；也唯有珍惜大自然的资源，人类才能在地球上永续生存。

◆宇宙像一个变化莫测的巨人，当我们面对宇宙的变动，如地震、山洪爆发、飓风等天灾时，该如何应变呢？

星云大师："缘起性空"是自然界的理则，大地山河，宇宙万有，都是因缘和合的存在；没有因缘，就没有一切，因此自然界一切事物和现象的生起及变化，都有相对的互存关系和条件，都会随着组成因缘的变异而生灭不已。也就是说，世间万法没有永恒固定不变的自体，所以说是"性空"。因为本性是空，所以会随着缘起缘灭而变化"无常"。

"无常"是世间的实相，如《金刚经》说："一切有为法，如梦幻泡影，如露亦如电，应作如是观。"《大智度论》也说："世间无常，如水月芭蕉，功德满三界，无常风所坏。"世间不但富贵荣华像是三更大梦，就是我们珍惜的身体，顶多也只能活上几十年、百年余。世间、身体乃至心理都在活动，都在变化，都在不停地迁流。所以"沧海桑田、桑田沧海"，一切都像空中的浮云、水上的泡影、镜里的空花、水中的明月，没有一样具有永恒性。世间既是无常的，"国土危脆"当然更不用说了。就拿台湾及日本的地震来说，每一次大地震，财产的损失，生命的死亡，都难以数计。印度尼西亚的海啸、火山爆发，以及美国的飓风等大自然的灾害，都对当地人的生存造成极大的冲击。

不过，世间的祸福、好坏，乃至幸与不幸，都不是绝对的。例如大自然的力量，如地震、海啸、火山爆发、飓风和冰川、雷电等，虽然为人类带来灾害，但同时也在其他方面增加许多养分。就以闪电来说，在美国，每年因雷击丧生的人数比其他任何自然灾害为多，平均每年400人死亡，1000人受伤，财物损失约3700万美元，这还不包括因雷电而引起森林大火的损失。

可是另一方面，如果没有闪电，植物就无法吸收空气中的氮。地球大气中78.12%是氮，氮是植物的主要食粮，每平方英里地面的上空存有这种养分约2200吨。但是气态的氮不能溶解于水，对于植物毫无用处，必须经过某种变化后，植物才能吸收。闪电正好能触发氮元素的这种化学变化，使气态的氮，变为植物可吸收的氮。据推算，全球每年由闪电转化的氮肥，就有20亿吨。再如我们呼吸的空气，是绿色植物将阳光、二氧化碳和水转化为食物，并且释放出氧气，供给人类的需要。彼此之间，可说关系密切。

这虽然只是自然界中的一个例子，但也能充分说明世界上任何东西都是相依相待、相互关系的生存。因此，我们平时要爱护大自然，与自然和平相处；但是当宇宙因为无常变动而引发一些灾难时，除了事先做好各种防范措施，让灾害降到最低，再有就是以一颗平常心来面对。

一般说来，人之所以会产生种种痛苦，都是由于与自然界的人、事、物、境处于对立，不能调和所致。如果我们能以佛法的"因缘观""无常观""空观"来面对世间一切生灭变化，借由大自然的"无情说法"而认识自家的本来面目；甚至由认识自己真实永恒的生命，进而体悟自他不二、凡圣一如、物我一体、心境合一的境界，则大自然的花草树木、山川景物，"情与无情，同圆种智"，都能与我共成佛道，是则"我见青山多妩媚，料青山见我亦如是"，比等光风霁月，何其放旷！

◆有人说，人体就是一个"小宇宙"，中国文化更追求"天人合一"的人生境界，请问大师，我们如何才能体证宇宙的奥妙呢？

星云大师：谈到宇宙的奥妙，平常生活里，只要经常想一想"为什么"，奥妙就出来了。例如，为什么要吃饭？肚子饿啊！肚子为什么会饿？饿了为什么要吃饭？吃了饭为什么肚子就会饱？总之，只要连续提出两三个"为什么"，就知道所以然了。

中日甲午战争后，日本首相陆奥宗光有政务离家远行。当他要出发时，不幸女儿染病在身，他嘱咐家人，没有重大的事故，不必通信。正当政务处于紧要关头时，家书来了，说女儿病况严重，希望见父亲最后一面。

外相伊藤博文安慰他说："你放心回去好了，这里的一切由我来负责处理。"

他披星戴月赶回家里，奄奄一息的女儿见到盼望已久的父亲回来，很高兴地说："父亲！我就要和你永别了，但是我有一个问题一直梗在心中，等着您回来替我解答。""什么问题，你说好了。"

"我要死了，我死了以后要到哪儿去呢？"

身为政治官员的陆奥宗光，虽然博学多闻，但是对于女儿临终前的问题竟然不知如何回答。不过他毕竟才智过人，于是安慰女儿说："死后去哪里，我不知道。但是我经常看你母亲在念佛，我想佛陀会带你到一个很好的地方去。"

女儿听到此话，带着安详的笑容离开了人间。陆奥宗光因为没有办法解答女儿的疑团，于是开始研究佛教，终于选择了信仰佛教，并且出家当了和尚。

信仰是人生终极的追求，没有信仰，生命就没有依皈。佛法不但能解答生命的疑惑，还能帮助我们探究宇宙的奥秘。自古以来，人们不断在探索宇宙存在的奥秘，从远古的神话到太阳系、银河系的渐次发现。现在由于科技日新月异，更使人类了解到宇宙的时空、物质都浩瀚无尽，这一切都远远超出人类所能了解的范围。但是尽管如此，关于宇宙的奥妙，其实早在 2600 年前，佛陀对于广大的时空就已经有精辟的见解，这在佛经里随处可以找到明证。甚至由于内容深广，后世佛弟子分别从不同角度探讨，因此佛教的"宇宙论"内容丰富，学派林立，然而一切都不出"缘起法"的范畴，这也正是佛陀所证悟的宇宙人生的真理。

佛陀所证悟的"缘起"道理，说明"诸法因缘生，诸法因缘灭"，世间万物，情与无情，都在因缘和合下生灭变化。因此宇宙的产生、消长是缘起的，如同圆环，无始无终，并无所谓宇宙的起源与创造之说。

至于宇宙的缘起，尽管各宗各派各有主张，如业感缘起、赖耶缘起、真如缘起、法界缘起等，但是这些理论无不系于心的造作，所谓"心生则种种法生，心灭则种种法灭""若无一切心，何用一切法"，一心能生万法，所以"心包太虚，量周沙界"，三千大千世界都是心识所现。

人的心力之大、心念之迅速，无可比拟，心的世界较物质世界更为无边无际，所谓"一念三千"，心念一动，三界六道、宇宙之间，任意遨游。如《正法念处经》说："心能造作一切业，由心故有一切果。"又说："心为一切巧画师，能于三界起众行。"由此可知，我们的"心"是一个微妙不可思议的宇宙世界，众生流转六道，或是成佛作祖，取证圣境，都是由心的作为而定。了解了"心"的功用之大以后，我们实在不必在心外追寻，只要此心觉悟，不妄自造作，则山河大地、树木花草，尽纳于胸中，当下一念即是法界，娑婆世界转瞬而成净土，宇宙万象、心识的起灭，无不豁朗明了。这就是"悟"。

追求开悟证果是一般人学佛的最高目标！悟的那一刻，整个迷妄的世界都粉碎了，呈现在我们眼前的是另一个世界、另一种风光；悟的时候，久远过去的事情会重新浮现在眼前；悟的时候，以前遥远的人和事，也都会慢慢向我们集中而来。悟的境界很难言说，所谓"如人饮水，冷暖自知"，悟的那一刻，忽然没有了时间，也没有了空间，一切都是当然如是，本来如是，所以修道者追求"悟"，是一种无上的体会。

我们平常看世间，看人生，都只是在浮面上打转，不能参透里面，所谓"知其然，不知其所以然"。悟了以后，不但看东西不再是光看表面，连宇宙的奥妙也自然了然于胸，一切不言而明。

◆请问大师，宇宙有成住坏空，当世界处于空劫时，众生到底住在何处呢？成住坏空既然是无法改变的真理，人类又该如何面对宇宙的生灭变化呢？请大师为我们开示。

星云大师：禅宗有一则故事，说赵州禅师八十多岁时，有一次学僧问他一个问题："劫火洞然，这个坏也不坏？"禅师答："坏。"又问："如此则随他去也。"老禅师漫不经心地回答："随他去。"事后觉得这样的回答似乎不太妥当，于是为了求得心中的落实，赵州禅师以八十高龄，仍然脚踏一双芒鞋，踩遍大地山川，目的在印证自己是否参悟了佛法。因而留下了"一句随他语，千山走衲僧"的美谈。

所谓"劫火洞然"，就是说世界从成立到毁灭的过程，可分为成、住、坏、空四个时期，称为"四劫"。当"成劫"之期，有情的业力增上，于空间生起微细的风，次第生成风轮、水轮、金轮，慢慢又形成山河、大地、生物等，因此成劫是指器世间与众生世间成立的时期。劫之后进入"住劫"，此为器世间与众生世间安稳、持续的时期。此一时期，每一中劫有增劫和减劫。每逢减劫时，便有刀兵、疾疫、饥馑等三种灾害产生。

住劫以后就到"坏劫"，也就是火、水、风三灾毁坏世界的时期。此期众生世间首先破坏，称为"趣坏"；之后器世间也随之破坏，称为"界坏"。也就是在此劫之初，地狱的有情命终之后，不复更生，此后，其余傍生、鬼趣及人、天等的众生也渐次坏灭；有情破坏后，世界出现七个太阳，燃烧成灾，如此经过七次的火灾，把色界初禅天以下的器世间烧坏，此时称为火灾劫，约需十二亿八千万年的时间。其中三亿四百万年之间，有情的生物先坏；然后一千六百万年之间，自然界再灭坏。

火灾劫过后，次起水灾，将第二禅天漂荡殆尽，称为水灾劫，大约需要一亿两千八百万年。如此经过七次的水灾，最后产生风灾，将第三禅天以下全部吹落，称为风劫，需要六十四大劫，十亿二千四百万年的时间。

坏劫之后世界进入"空劫"，此期世界已坏灭，只有色界的第四禅天尚存，其他则全入于长期的空虚中，等待世界又成，又是一个成住坏空的大劫。宇宙就在"成、住、坏、空"的过程中，反复生灭，每一阶段大约要十二亿八千万年。所谓"赵州八十犹行脚，只为心头未悄然"，面对宇宙毁灭，人生究竟何去何从？确实是一个重要的问题，必须自己去探究、去了解。

佛教的宇宙观认为，有情世间依众生果报优劣及苦乐差别，可分为欲界、色界、无色界三个层次，称为"三界"。"欲界"六天的众生，男女群居，以五欲维系生命，由其善恶欲念流转，而有"六道"受生的果报。"色界"众生已经远离情欲，居于欲界之上，无男女之别，无情爱之念，皆由习"定"而化生，依禅定的深浅粗妙分为四级，共十八天。再往上的"无色界天"有四天，此界没有物质，唯以心识住于深妙的禅定，乃纯粹的精神世界。

凡此"三界""二十八天"，一旦世界进入上述提及的"坏劫"之期，欲界悉皆坏尽，色界中则有"火烧初禅、水淹二禅、风吹三禅"等三灾，唯有第四禅不为"大三灾"所坏。所以《法华经·譬喻品》说："三界无安，犹如火宅，众苦充满，甚可怖畏，常有生老病死忧患。"

　　既然世间苦空无常，面对宇宙的生灭，人命的生死存亡，到底如何才能逃脱毁灭和死亡呢？最重要的是，应该要有信仰！因为"世事由来多缺陷"，唯有"学道求真"才能"免无常"。

　　在佛教有真俗二谛，也就是有世间法和出世间法之别。世间法是有为、有漏，是苦空无常的，世间法里没有一样恒常不变的东西，所以不值得追求；唯有超越世间法，才能找到出世间"常乐我净"的涅槃世界。这才是我人最终的归宿。

　　学佛的最大利益，就是认识宇宙人生的真理，诸如世界是怎么形成的？人生的真相是什么？生从何处来？死往何处去？当我们对这一切有了真切的认识之后，就会知道，虽然世界有成住坏空，人生有生老病死，但并非成住坏空、生老病死就什么都没有。成住坏空是循环的，生老病死也不是一死了之；坏空后仍有成住，死后还会复生。甚至在苦空无常的世间法之外，还有一个常乐我净的真实世界存在。一旦我们找到了永恒不死的真如佛性，自然就能够超越生死毁灭的界限，也就不会再受世间的众苦交煎了。

◆古老的中国人相信"人定胜天"，不知道大师是否认同这句话？

　　星云大师：人是万物之灵，也是万能的动物，人不但有一双万能的巧手，人的双脚能走遍天下，眼睛能观四路，耳朵能听八方，尤其人的头脑和心灵更能上天入地。

　　人有无限的能量，例如能早能晚、能冷能热、能饱能饿、能大能小、能前能后、能多能少、能有能无、能贫能富、能荣能辱、能忙能闲，尤其人能成佛，所以人要好自珍惜，不要妄自菲薄。不过，人虽然有无限的潜能，但对于"人定胜天"之说，我觉得人不一定要胜过天，人不但要和人和平相处，人与天也要和平共存。

　　一般人都希望自己比别人伟大，但是一旦有了胜负之心，就如赌博有输赢，输了，自己难过；赢了，别人痛苦。就如《法句经》说："胜则生怨，负则自鄙；去胜负心，无诤自安。"人我之间有了胜负输赢，争执也就层出不穷；如果我们能真心尊重别人的伟大，能诚心拥护、成就别人，自然能化戾气为祥和。所以，人不一定要"胜天"，而要"感动天地"；人和人之间也不必胜过别人，而要能"以德服人"。做人争强好胜，未必成功；待人处世能够"只从柔处不从刚"，反而能获得别人的尊重与爱戴。

现在社会上很重视"柔性管理"，因为世间刚硬的东西不一定坚固有力，有时柔软的东西反而有意想不到的穿透力。例如，滴水可以穿石、温火可以融冰；乃至人体上坚硬的牙齿易断，但柔软的舌头不死就不烂。可见"刚"虽然不是绝对的不好，为人"刚直"有时也有其必要，但刚而锐的东西容易斳伤。所以佛教讲"从来硬弩弦先断，每见刚刀口易伤"，柔性反而能够持久。

温和柔软的力量和忍耐的力量一样，都是奇大无比。所以佛教指导人坐禅，目的就是要培养柔软心，心地柔软的人才容易跟人融和相处，心性慈悲柔和的人往往能制伏顽强于无形。

因此，人与人、人与天地之间，能够和平共存、相互尊重最好；就像夫妻之间，彼此相爱尊重、相敬如宾，感情必能维持长久。所以做人不要太过刚强好胜，能够发挥人性柔和、善良的一面，过着柔性的人生，我想这是未来社会最需要提倡的。

◆ **请问大师，佛教讲的"末法时期"，与基督教的"世界末日"，有什么差异吗？**

星云大师：在佛教里有这么一则故事。释迦牟尼佛住世的时候，曾经亲自上忉利天宫为母亲说法，三个月没有回到人间。当时的优填王及大臣、弟子们，非常思念佛陀，就请目犍连尊者利用神通力，带了一个会塑像的人到天上去瞻仰佛陀的样子，然后回到人间，用檀香木塑一尊像，这就是佛像的开始。三个月后，佛陀从天宫回到人间，雕塑的檀香木佛像竟然会走动，向前迎接真的佛陀。佛陀对着这尊塑像说："以后末法时代，就要靠你为人天做福田了。"

所谓"末法时代""末法时期"，就是佛陀入灭后，依照佛陀教法弘传的情形，分为正法、像法、末法三个时期。

第一期"正法"时期，是指佛陀灭度后一千年里，佛弟子对佛陀的教诫还能"依教奉行"，所以能够保存佛陀教法的精神风貌，不遭扭曲，因此称为"正法"时期。这个时期的众生，根基猛利，不但有正法可以依循，而且又肯精进修行，所以证悟得道的人很多。

之后的一千年，因为距离佛陀灭度时期越久，大众孺慕渴仰的心情愈淡，对佛陀的教法也开始有了不同的观念和认识，因此产生相似于正法的教法，此为"像法"时期。这个时期的众生不如正法时期的众生善根深厚，因此纵有教法，证果得道者少。

佛陀灭度两千年后，佛运开始进入"末法"时期。此时期由于众生知见不正，正邪不分，顽强难化，附佛外道横行，因此虽然有教法垂世，但信仰者少，当然更别说修行证果了，所以是"法弱魔强"，是佛法衰颓的时代。

根据佛经的说法，正法、像法时期各约一千年，末法时期则有一万年的时间。现在距佛陀涅槃已经两千多年了，生此"末法时代"的人们，因为不能亲自瞻礼到佛陀的金容，因此常有"佛在世时我沉沦，佛灭度后我出生；忏悔此身多业障，不见如来金色身"的感慨。

但是尽管"生不逢佛世"是学佛的八难之一，所幸佛陀入灭后还有教法流传后世，众生一样有机会得闻佛法，一样可以依法修行，所以根本不必挂念现在是不是"末法时期"。

至于基督教所谓的"世界末日"，根据《圣经》的记载，乃缘于耶稣预言"圣殿被毁"。圣殿被毁对犹太人而言，就如同世界末日来临一般，是极其严重的事。后来一些人则把"世界末日"理解为"世界毁灭"，因此每当有人预言何时是世界末日，总会引起一阵的惶恐与不安。例如，一个名为"耶和华见证人"的基督教非传统新兴教派，自 1914 年到 1975 年，曾经四次预言世界末日，但结果一次也没有实现。所以，不管"末法时代"或"世界末日"，其实都是我们自己创造的，只要我们信仰坚定，就不必担忧"末法"或"末日"来临。就如同发生地震，尽管房子震倒了，甚至山河大地都为之摧毁了，但是只要我们的信心不倒，一切都可以重来。因为我们的生命是死不了的，就如基督教说"信上帝得永生"，其实生命是依因托缘、相续不断的，所以不管有没有信仰，生命都是永生不死的。生命既然不死，又何来"末日"之有？

◆请问大师，宇宙间真有外太空，真的有外星人吗？

星云大师：过去科技不发达，一般人所认知的世界，往往仅限于我们所生存的地球。例如平常所谓的环游世界，不过是绕地球一周；所谓世界大战，也不过是地球上大规模的国际战争而已。然而，现在的天文学家已经证实，地球只是太阳系九个行星之一，而太阳是天河中千万个星辰中的一个，整个宇宙当中存在类似太阳系的银河系又有无量无数千万亿之多，可见太阳系以外尚有其他太阳系，银河系以外尚有其他银河系。宇宙的广大无垠，实在超出以往人类的想象太多。所以可以肯定的是，世界以外还有其他世界，所谓"天外有天"，这种宏观远见，其实在几千年前佛经已经有明确的记载。例如有"佛教百科全书"之称的《经律异相》就详细记载着无数天界的生活活动，不但可以印证现代天文学家的研究，更可以提供未来天文学探究的方向。

佛经里还记载着这么一段有趣的故事：释迦牟尼佛在讲经的时候，出广长舌相，声音震动无量世界，传送极远。弟子当中神通第一的目犍连尊者怀疑佛陀的音声不可能传到那么遥远的地方，便想一探究竟，于是利用神通飞到十亿佛土以外的佛国。在那么远的佛国里，世自在王如来正在说法。就在这时候，有一听众忽然从身上抓到一样东西，惊叫道："我身上怎么会有一条小毛虫呢？"

世自在王如来说："那不是小毛虫，那是从娑婆世界来的释迦牟尼佛的弟子目犍连。"世自在王如来于是对目犍连开示道："诸佛的威德不是声闻弟子所可以比拟的，也不是用神通所能探测的。"从此以后，目犍连就非常相信虚空中确实有无量世界，也确实有无量诸佛。从这个故事看来，阿弥陀佛不就是外星人吗？乃至十方无量诸佛菩萨，不都是外太空的人吗？因此是否真有外星人，外太空是否有生命的存在，在佛教"此有故彼有"的理则下，我们这里有，那里也应该会有。

现在美国已把航天员送上月球，甚至把探测车送上了火星，科学家也已证实别的星球上确有生命存在的迹象，未来也许有一天真的证实有外太空人的存在。到了那个时候，地球上的人类对他们而言，就是外太空的人。因为所谓"外太空"，只是一种相对的说法，甚至是一个假名。

真正说来，我们的"法身自性"是"横遍十方，竖穷三际"，是大而无外、小而无内，是无处不逼、无所不在的。因此未来希望人间能有多一些人像过去郑和下西洋，像哥伦布发现新大陆一样，引领人类发现更多的新世界，尤其重要的是，拓展自己内心的世界。每个人在世间生存，都有自己的生活空间，包括心外的空间与心内的空间。心外的空间是指我们生存的外在环境，譬如我们居住的房舍、活动的场所，甚至于宇宙自然界等，都是我们心外的空间。其中尤以"家"是我们最直接、最密切的生活空间。当一个人经过了白天的辛苦工作，到了晚上，总希望回到温暖的家，以养息疲惫的身心。即便一只小鸟，飞过千山万水，也要回到窝巢里栖止。

不论"家"也好，"窝"也好，都是生活的"空间"。根据历史记载，古今有不少的战争，都是起因于争夺土地，也就是"空间"的争夺。然而不论是过去的君王诸侯还是将相百官，他们的权势威力再大，他们所能到达的空间都是有限的；尽管现在的科学文明已经发展至太空时代，美国人已率先把人类送上月球，并探测火星，但是在这个宇宙虚空之中，除了月球、火星之外，还有其他多如恒河沙数的星球，人类还不曾见闻过，更遑论登陆了。所以，一个人除了有心外的空间，更要有心内的空间，心内的空间就是心胸的开阔。

在佛法里说，我们的真心本性是不生不死，是永恒如一，所以佛教的时空观认为，时间是竖穷三际，贯通过去、现在、未来三世，是无始无终的；空间则是横遍十方，横亘此方世界、他方世界、十方世界，是无量无边、无穷无尽的。这就是我们心内的空间。一个人如果能够把握心内的空间，就能同时获得心外的空间，因为法界之大，其实无非存乎我们的一心之中。因此，只要我们能"心包太虚"，就没有时空的隔阂，就能与宇宙融为一体，如此自然没有自他之别，更无里外之分了。

◆佛教讲"一花一世界，一叶一如来"，可否请大师针对佛教这种独特的宇宙观，再做一些开示？

星云大师："一花一世界，一叶一如来"，这是说明华严宗的"一真法界"，是个"一即一切，一切即一"的圆融无碍法界。

在一般人的认知里，一切源于一，一并不代表一切；因为"一"只有一个，"一切"代表很多个。但是，在佛教里，认为一即是多，多即是一；一个不算少，万亿也不算多。例如一朵花、一粒微尘、一颗沙石、一个世界、一个宇宙虚空，都称为"一"，孰大孰小？孰多孰少？一般人总以为一朵花、一粒沙石、一个微尘很小，一个虚空才是大，其实不是。我们说一朵花，从种子种在土壤到萌芽成长，需要雨水的灌溉、肥料的培育、阳光的照耀，还要有风来传播花粉，要有空气来沃养成长等。可以说，这一朵花是集合了全宇宙万有的力量，才成为这一朵花；一朵花即等于一个虚空，跟虚空一样大，所以佛教讲"微尘不算小，虚空也不算大"；甚至有"须弥纳芥子，芥子藏须弥"之说。

话说在一座寺院里，挂了一副对联，对联上写着"须弥藏芥子，芥子纳须弥"。有位读书人看了对联，觉得文理不通，就质问道："须弥山那么大，藏一粒芥子当然是没有问题，可是小小的芥菜子里如何能容纳得了那么大的须弥山呢？这未免太言过其实了吧！"

寺院的知客师反问道："你是读书人，想必听过'读破万卷书，下笔如有神'这两句话吧！现在就请你把一本书放进肚子里！"

"一本书怎么能放进肚子里呢？"

"万卷书都能读进去，为什么一本书放不进去呢？"

书生闻言大悟，原来空间的大小是可以兼容的。

其次，佛教讲"万法归一"。万法泛指宇宙之间的森罗万象。万法既归于一，"一"又归于何处呢？一归万法。"一"是体，"万法"是相，"一"与"万法"就是本体与现象的互存互证。所以，一就是多，"一"与"多"不是两个分别的概念，而是同源同流的回环。一个宇宙有三千世界十亿国土，十亿国土三千世界也只是一个宇宙，所以说"一多不异""一多不二"。

佛教除了主张"一即一切，一切即一"之外，也讲到"刹那不算短，劫波不算长"。刹那是佛教计算时间最短的单位，以现在的时间计算，大约等于七十五分之一秒，所谓"少壮一弹指，六十三刹那"，在零点零几秒这么短的一刹那，为什么说不短呢？主要是因为在一刹那之间，我们也有可能证悟永恒。所谓永恒无边，是没有时空分别间隔的。

此外，所谓"千江有水千江月，万里无云万里天"，天上的月亮只有一个，可映照在水中，不管江、湖、河、海，乃至脸盆、茶杯里面，都会有月亮。又如电视节目，虽然只是一个人在电视里表演，全国几百万台的电视机都可以收看，这不就是"一即一切"吗？所以，时间、空间在"一"里面，都是非常统一、非常调和的。如果我们能够认识"一即一切，一切即一"，能够了解"无二之性，即是实性"，就能体会世间一切都是因缘所生法，你我都是互为关系的存在，我和你没有太大的距离，没有太多的分别。所谓天下都是有缘人，那么相敬相亲又何必曾相识呢？

◆宇宙人生都有一定的平衡和规律，当失去了平衡就会出现灾难和病变。现在随着科学的发达，往往会破坏这种自然的平衡。请问大师，佛教如何看待科学呢？

星云大师：20世纪末，由于科学的发展，诸如计算机的发明、基因的发现，一下子对人类社会带来了革命性的影响，甚至更早之前电灯、电话、飞机的发明，都发挥了突破性的变革。

然而，科学的一日千里，虽然带来医疗科技等各方面的进步，为人类谋福，但相对的也带来灾难。例如火药的发明为世界带来毁灭性的破坏，乃至改变了大自然的循环定律，破坏了人类社会的和谐发展等，都是不争的事实。

不过世间法就是那么奇妙，所谓"一物克一物""一法对治一法"，科学发展虽然破坏了世界的平衡，但是人类总是有办法提出对治、改善之道。就相当于人们常说的"上有政策、下有对策"。例如现在互联网的发明，使得信息互通迅速，但有人却专门制造病毒破坏电脑，甚至黑客千方百计要入侵电脑，但是不管任何病毒、任何手法的破坏，最终都有破解之道，可以用"防火墙"杜绝，防患于未然。由此可见宇宙人生的问题都是环型，是循环不断的。

另外，世间法是相互对待的，并没有绝对的好坏。例如三四十年前，台湾的电视只有三个无线电视台，那时候看电视觉得很有乐趣；现在有线电视台一下子增加了几十台，常常是这台不好看，换另一台；那一台也不高兴看，再转第三台，结果一台一台地不断转换，到最后近百台都没有一台好看，干脆不看算了。过去的报纸只有两三张，早上花个半小时、一小时就可以看完，每天看报纸是一件很轻松愉快的事；现在增加到一二十张，看到后来觉得好累，甚至因为太多，根本不想看。所以，少未必不好，多也不见得一定好，因为"物极必反"。

所以，从佛教的立场来看科学，在佛教的教理中，蕴含许多有关精神与物质世界的深邃思想，可以提供科学研究发展的构思与方向；另一方面，科学愈发达，则愈能印证佛法的合理性与真实性。因此佛学的提倡不仅与科学没有抵触，反而在科学的方法与效用上，能提供更精确的验证。

例如，佛经记载"佛观一钵水，八万四千虫"，如今通过科学仪器，证实此说非虚。佛经上常说，十方恒河沙世界、三千大千世界，乃至说虚空无量，法界无尽，国土众生无量无边。佛经所说的虚空、法界、无量无边，今日天文学家已经证实：宇宙中充满了无量无数的银河系、太阳系、星云团、天河、星球等。佛教天文学不仅开拓了人类的思想领域，尤其证明佛法并不违背科学。因为基本上，佛教不仅教义合乎科学的辩证，而且佛经的组织合乎科学的方法，佛法的修行更合乎科学的精神。

　　总之，尽管现代科学的进步日新月异，甚至把人类送上月球，但是能登陆月球，却无法登入人心。尽管现代的医学科技进步，可以替人换肾换心，但是物质的心脏可以更换，我人的真心本性却丝毫无法更替。近代西方科学已经察觉到"精神"与"物质"的不可分离，也相信世间万象（物质）的内涵，还有很多是目前科学未能解开的谜题，是未来科学研究努力的目标，但是这些努力仍然是在佛教所说的"缘起性空"的法则下进行。如果这些科学的成就偏重"物质"的研究发展，只会造成人类心灵的空虚与失控。佛教强调行解并重，并不单是着重在知识的累积，而是在精神意识的豁达与智慧的开展。佛教深知"精神是物质的内涵，物质是精神的作用"，因此，佛教能防治"科学主义"的弊病，是不容置疑的事实。

　　◆**请问大师，当我们了解了宇宙人生的种种状况后，应该如何规划这一期的生命？我们要如何才能圆满人生呢？请大师开示。**

　　星云大师：每个人都应该要有人生规划，孔子"十五有志于学，三十而立，四十而不惑，五十而知天命，六十而耳顺，七十而从心所欲，不逾矩。"这就是孔子的生涯规划。

　　我也曾经把自己的一生，以每十年为一个时期，规划出"成长、学习、参学、文学、历史、哲学、伦理、佛学"等人生八个时期，并且最后把一切都回归到"佛法"里，因为在佛法的"一真法界"里，生命才能圆满。

　　谈到佛法，佛教不是不重视知识理论的宗教，佛教是知识再加德行的宗教。在社会上，一般人认为学问技能是为了适应生存所需，但是有学问有技能的人不一定生活得愉快，即使是通达世间的科学、哲学、文学，但对于宇宙人生仍然是枝末的了知，不能彻底明白。

　　因为世间的知识是有漏学，佛法才是无漏学。世间的知识利害参半，像刚才所说的科学，就是一方面造福人类，一方面也在危害人类。佛教虽然也很重视知识，但佛教的知识是绝对有益而无害的。佛教的知识是般若的智慧，般若的智慧是去除自私而从内心获证的知识，不像世间知识是从外在的现象上去了解。

学佛的目的，就是为了开发内在的般若智慧，去除无明愚痴。从佛法看，不能了知生死就是愚痴。愚痴也不是完全没有知识，我们从愚痴的"痴"字上可以看出，"痴"字本来是知识的"知"，在知字上面有"病"字头，所以知识有了毛病就是愚痴。

愚痴是心性的暗昧，没有通达事理的智慧，也就是"无明"。因为愚痴，所以起惑造业，轮回生死，受着无穷的痛苦，不能解脱，不能认识自己。但如果从"佛性本具"的观点来看，每个人都具足成佛的性能与智慧。当初佛陀成道时就曾发出宣言："奇哉！奇哉！大地众生皆有如来智慧德相，只因妄想执着而不能证得。"意思是说，人人都有佛性，只因烦恼、无明覆盖，不能见到自己的真如自性，就如明珠蒙尘、乌云蔽日，因此有忧悲苦恼，有生死烦恼，有人我是非，有好坏善恶，有种种的不如意、不满足等，这些都是人生的缺陷。

学佛修行就是要拂拭心中的尘垢，让我们的心光显现，真如现前，获得一个圆满自在、不生不死、没有人我对待、没有时空限制的解脱境界。这是学佛修行最终的目标。而要达到这个目标，就必须"勤修戒定慧，息灭贪嗔痴"，只有三毒息，三慧朗，才能获得身心自在、欢喜安乐的解脱境界，就是真如现前、大圆满的世界，也就是证悟的世界。因此，人生要如何求得圆满？唯有学佛才能充实人生、认识人生、证悟人生，只有学佛才能圆满自己，完成自己。

◆我们知道佛光山一直在弘扬人间佛教，希望能建设人间净土。请问大师，要如何建设人间净土？大师理想中的人间净土又是怎么样的呢？

星云大师：在佛教里，净土的种类很多，包括弥勒净土、弥陀净土、药师净土、华藏净土、维摩净土等。各种净土虽然各有其殊胜之处，然而华藏净土是以佛果的境界来看待一切，所以很难被一般众生所理解。药师净土虽好，但现代科技文明一日千里，许多已开发国家已经达到药师琉璃净土衣食丰足、住行无缺、医药发达、生活无忧的境地。极乐净土因为须要念佛念到一心不乱，才能决定往生，似嫌太难。弥勒兜率净土虽然比较简易，但将来仍须下生人间。唯心净土主张"三界唯心，万法唯识"，行者容易认为泛谈。维摩净土虽是不二法门的人间净土，但是若不深究，则容易被误导为在家佛教。因此，人间佛教所要成就的净土，就是融摄各种净土的精华，而又能落实在人间的"佛光净土"。

所谓"佛光净土"，其实就是一个"佛化的世界"，在佛光净土中，每一个人都皈依三宝，受持五戒，明因识果，广结善缘。佛光净土是一个"善美的世界"，在佛光净土里，大家所看到的都是美丽的事物，所听到的都是悦耳的声音，口中所说的都是良言美语，手中所做的事情都是善行义举。佛光净土是一个"安乐的世界"，在佛光净土里，人与人之间没有嫉妒，只有尊重；没有憎恨，只有祥和；没有贪欲，只有喜舍；没有伤害，只有成就。佛光净土是一个"喜悦的世界"，在佛光净土里，人人都翱游在和煦的春风中，家家共沐在佛法的慈光里，时时都是良辰美日，处处都是般若天地。

佛光净土也是一个"五乘共法"的净土。五乘就是：人、天、声闻、缘觉、菩萨。在中国有儒、释、道三教，在西方则有天主教、基督教。儒家讲修齐治平，可纲维人伦，等于佛教的"人乘"思想。天主教、耶稣教主张生天，等于佛教的"天乘"思想。道家讲返璞归真、清静无为、任性逍遥，等于佛教的"声闻、缘觉"乘思想。人间佛教重视当下的净土，致力于解决人间各种问题，所谓"以出世思想，做入世事业"，属于菩萨乘的思想；主张"人成即佛成"，也就是以声闻、缘觉出世的思想做人天乘入世的事业，进而实践菩萨道的慧业。

在佛教的五乘中，人、天乘的佛教重于入世，声闻、缘觉乘的佛教重于出世。而佛光净土是具有人、天乘入世的精神和声闻、缘觉乘出世的思想。佛光净土是以菩萨为目标，自利利他，自度度人，自觉觉人。因此，五乘佛法的调和，就是佛光净土的思想。

至于佛光净土的建设，主要是通过人间佛教的弘扬，把佛法落实在人间，融入到生活里，深植在每一个人的心田中，让人人心中有佛，则眼睛所看的都是佛的世界，耳中所听的都是佛的声音，口中所说的都是佛的语言，心中所想的都是佛的恩德。当身心获得净化，当下就是佛光净土现前，就能过着解脱自在的佛化生活。

所以，人间佛教所希望建设的佛光净土，是一个富而好礼的人间净土，是一个普世和谐的人间净土，是一个法喜安乐的人间净土，是一个佛光普照的人间净土。在佛光净土里，呈现的是慈悲喜舍的社会，是常乐我净的世界。人间净土的建设，需要传承、接棒，所以未来希望大家一起努力，把净土建设在人间。

佛教对修行问题的看法

2001 年 11 月 23 日，星云大师在香港一年一度的"佛学讲座"于红磡体育馆连续举行三天。讲座圆满后，大师又应香港理工学院院长潘宗光先生之邀请，于 11 月 27 日晚间 7 点 30 分，到该校的李嘉诚楼与智度会的学员举行座谈。

智度会是由潘宗光校长所发起，成员包括该校的学者教授，以及工商界的精英，大家有志一同研习佛法，因此定期聚会。当他们得知星云大师莅港讲演，特别把握机会，邀请大师开示。大师通过座谈方式，与听众之间上下交流，许多严肃、难懂的话题，如"往生净土""业报轮回""不二法门""居家修行"等，经过大师幽默智慧的举喻说譬，一下变得轻松有趣。全场就在你问我回答、我说你会意之下，不时传出掌声与笑声，前后历时两个小时，欲罢不能。以下是当天的问答记录。

◆请问大师，信仰人间佛教的人，对净土有什么看法？

星云大师：佛教在中国，有大乘八宗。当中，重视修行的有禅宗、净土宗、密宗和律宗四个宗派；偏重学理的也有四个宗派，即华严宗、天台宗、唯识宗、三论宗。

人间佛教没有宗派，人间佛教就是佛陀本来的教示；佛陀本来的教化就是人间佛教。佛陀当初说法49年，他不是对鬼神传教，也没有对畜生、地狱说法，完全是针对人间而说。对人所说的佛法，当然叫作"人间佛教"。

一般说净土，不管极乐净土、华严净土、弥陀净土，乃至各宗各派所主张的净土，都是佛陀所说。不过现在如果反问大家一个问题，佛陀现在究竟到哪个世界，或者哪个净土去了呢？阿弥陀佛有住在极乐净土吗？到底他现在在哪里呢？你们会说：他当然在净土里！

其实，净土不一定只有阿弥陀佛才有净土，每一个人的心如果是清净的，每一个人都有净土。只是在佛教里讲"净土"，在基督教则讲"天堂"。

也许有人会比较，天堂和净土有什么不同？甚至于在净土当中，也有华严净土、琉璃净土、极乐净土、唯心净土、兜率净土、自性清净的净土、五乘共法的净土、大乘不共的净土，以及有余涅槃的净土、无余涅槃的净土，乃至人间净土等。在这么多的净土当中，哪个最殊胜？

所谓"佛佛道同"，在很多的经典里，如《药师经》说：若有人称念东方药师琉璃光如来的名号，一样可以往生极乐净土。这个道理就如同在香港大学念书，可以到香港的政府单位任职，在中文大学、理工大学读书，一样也可以进入政府单位做事。所以佛教徒不必一定要计较这个净土、那个净土，只要你修行的功夫到达一定的程度，你要往生哪个净土，就可以到哪个净土去。也常有人问：净土和地狱究竟在哪里？当然，净土在净土的地方，地狱在地狱的地方，这是第一种说法。

第二种，所谓净土、天堂、地狱、畜生，都在人间。如果我们到市场去买菜，看到那些鸡鸭鱼肉，穿肠破肚，勾的、挂的、倒吊的，那不就是地狱里的刀山剑树、油锅地狱吗？反之，住在豪宅华屋里的人，享受物质上的冷气、冰箱等等的富乐，那不就像是在天堂净土一样吗？所以，地狱、净土在人间就可以看得到。

第三种说法是：就在我们的心里。我们每个人的心，一天当中，时而天堂，时而地狱。例如，早上起床，心里面无忧无虑，到公园去运动、慢跑、享受新鲜空气，这不就是人间天堂吗？但是，回到家里，往饭桌上一坐，"有什么好吃的吗"？生起贪欲的心，那就是饿鬼的心。假如吃的东西不合口味，筷子一掼，碗一推，生气了；嗔恨心起，那不就是地狱吗？有时还要骂人、打人；愚痴，这不就像畜生的行为吗？所以，在我们日常生活当中，心里时而天堂，时而地狱、饿鬼、畜生。可以说，一天十二时辰中，天堂、地狱不晓得来回多少次。

甚至天台宗主张"一念三千"，十法界都在我们的一心之中。

总之，我们的心生起了一念的清净心、慈悲心、喜舍心，那就是净土；如果你贪、嗔、恶毒、邪见，那就是地狱。如此说来，我们不是每天都在善恶、是非、好坏当中来来去去吗？所以"人间佛教"是包括佛陀所说的一切教法，凡是佛陀的教法都是"人间佛教"。套用佛陀的话来说：离开了人间，离开了众生，哪里还有什么佛道可求呢？

人间佛教也不是哪一个人创造的，既不是六祖大师，也不是太虚大师的佛教，基本上应该把人间佛教回归到佛陀的本怀去。人间佛教很能适应现代人的根机，因为过去所弘扬的佛法，有偏差，多数都是宣扬出家的佛教。例如叫人要看破世间，要放下一切；又说"夫妻不是冤家不聚头""儿女都是讨债鬼""黄金是毒蛇"等等。这种论调对出家人来说可以，但是对在家人而言，如果这一切统统不可以拥有，那不是不要生活、不要过日子了吗？离开了妻子、儿女，离开了金钱、名利、富乐，这样的人生活着有什么意思呢？

所以，所谓"人间佛教"，就是要我们从对佛陀的信仰和崇拜，从对佛菩萨或对神明的依赖，进而关怀社会众生。人间佛教应该从关怀人间做起，现在如果不推行人间佛教，不从事有利人间的事业，每天光是念佛，每个人到了佛堂里，只是拜佛、念佛，你们肯吗？所以佛教不能只重视念佛、拜佛，否则会失去度众的功能。

佛教旨在普度众生，普度众生首先要顺应众生的根机与需要。例如，你不喜欢念佛，那就禅坐；你不习惯禅坐，可以拜佛；你不要拜佛，也没有关系，你来吃素菜；你说素菜我也吃不习惯，没关系，我们可以谈禅论道、讲说佛法，甚至也可以来唱梵呗、听音乐。乃至你不信佛也没有关系，你可以行佛，替佛教动员社会大众一起来行佛做善事。

所以，现在所提倡的人间佛教，是依大家的根机需要而设，是多元化、多功能的；随你适合哪一种法门，就顺应你。能够实践佛陀"观机逗教"的佛教，就是人间佛教，就能建设人间净土。

◆**信仰佛教的人相信有轮回的存在，可以投胎转世，所以要精进修行，才能投生善道，免得将来沦落三恶道。请问大师：不信佛教的人，他们有没有轮回？如何证明轮回的存在？**

星云大师：相信轮回，对自己比较有利；不相信轮回，就表示我们没有未来，是很可悲的事。我们现在所以甘愿辛苦，就是因为相信生命有轮回，所以对未来怀抱希望。

轮回就是"因果"的循环，"因"会成为"果"，"果"又成为"因"，因果循环，就是轮回。就如时辰钟从一走到十二，它不会停摆，而会再从一开始，一直走，走到十二，如此周而复始，就叫作"轮回"。

一般的宗教，讲到人生，若问：人从哪里来？回答都是直线的——从这里到那里，都是有始有终的。佛教讲因果轮回，它是圆形的，是无始无终的。例如，人有生老病死，死了也不必怕，死了又会再生；生了也不要太欢喜，生了还会死去！

一粒种子，把它埋到泥土里，遇因缘就会开花结果，就是"因缘果报"。所以，我们现在讲因果，讲轮回，这当中"缘"很重要。也就是说，不管我们做了什么，得到了什么，这当中还会受到"缘"的影响。这就是"因、缘、果"的关系。

人为什么要喝水？因为口渴；口渴，喝了水以后会有什么结果呢？喝水就不再口渴了，这就是因灵轮回。宇宙之间，不管你信不信轮回，它都存在。因果轮回，是一个必然而真实的现象，合乎真理。真理，就是要有普遍性、必然性、平等性。例如，轮回，并非男人有轮回，女人就没有轮回；不管男女老少、贫富贵贱，大家都在轮回之中。不管你有钱没钱、有地位没地位，都要轮回，所以它有普遍性、平等性、必然性，这就是真理。

"种瓜得瓜，种豆得豆"，这是因果轮回的思想。世界有成住坏空的轮转，时间有春夏秋冬的更替，人生有生老病死的阶段，这一切都是轮回。人吃了青菜五谷，排泄成为肥料；肥料再滋润草木，又供人所需。人喂食猪羊，猪羊又供人食用，彼此轮回。水被太阳蒸发为蒸气，遇冷凝结致雨；花果枯萎成为种子，经过播种又再开花结果。一江春水向东流，流到哪里去呢？还是有再回来的时刻。

轮回是圆的，轮回是希望。轮回可以有好的未来，可是也有不幸的降临。例如现在的政党轮替，家族的兴亡，都说明了现世的轮回。

世间上所谓"成者为王，败者为寇"，都是各有前因，莫羡人。富贵不过三代，帝王朝代很少超过千年的。所谓："眼看他人死，我心急如焚；不是伤他人，看看轮到我。"因为轮回，知道有因果；因为轮回，可以看出无常。火车的车轮辗转不停，这是向前；轮船的轮机，不但向前，还可以左右。吾人因为起惑、造业、受苦；"惑、业、苦"的框框一直紧紧地束缚住人生。在这生死轮回中流转，虽不畏于灭亡，但终难免有轮回之苦！

有一首四句偈说："欲知前世因，今生受者是；欲知未来果，今生做者是。"这就是轮回的最好说玥。

◆**请大师开示，何谓"不二法门"？**

星云大师："不二法门"是出自《维摩经》，是维摩居士和许多菩萨、罗汉们论道的公案。

在《维摩诘所说经·入不二法门品》记载，有一天，维摩居士示疾，文殊菩萨率领诸大菩萨前往探病。双方几番对答后，突然话锋一转，维摩诘问道："诸位！菩萨是怎样进入不二法门的？依照各人所知，各自述说吧！"

一时有三十一位菩萨，先后各就所见，一一回答这个问题。最后没有人再发言了，维摩诘于是问文殊菩萨："文殊师利！菩萨是怎样进入不二法门的？"

文殊菩萨回答："照我的见解，于一切法无言无说，无示无识，离诸问答，这才是入不二法门。"意思是说，一实妙道，不可以用推理、比较、归纳、演绎等方法去揣度探寻，必须直观体验，向内发掘，能够这样实践，才能够进入不二法门。

文殊菩萨说后，反问维摩诘说："现在换我来请问你，菩萨是怎样进入不二法门的？"此时维摩诘默然不对，众皆愕然。唯独文殊菩萨智慧超人，懂得此中奥秘，乃赞叹地向大家说道："善哉！善哉！乃至无有语言文字，是真入不二法门。"

意思是说，不二法门离言绝相，如何用语言表达？如果可用语言文字表达出来的，就不是真的不二法门了。所以维摩诘的"默然"，意味着无上妙道不可以言说，不可以文诠，超越这些有形的障碍，直探本源，这才是菩萨的入不二法门。在现实生活里，我们如何实践"不二法门"？所谓"不二"，生和死是二个吗？从不二法门来看，生死是一个。生了必定要死，死了还会再生，生死是一体不二的。有和无是二个吗？其实有、无也是一个。一个茶杯，装了一杯水，这是有，大家看得到。但是大家所看到的茶杯是假相。茶杯是纸浆做的，纸浆取自木材，木材来自大树，大树要集合宇宙间的阳光、空气、水分、泥土等因缘才能成长。所以，宇宙之间其实只有一个，叫作"缘起"——有因缘才能生起，没有因缘，连世界都没有。因缘，就是真理，就是不二。

我们看到大海里的水，一遇到刮风就起波浪；水和波浪看似二个，实际上是一个，水是波浪，波浪即是水。耳环、手镯、项链、金表，都是黄金所做的，黄金本体是一，但是做成各种饰物，就有各种不同的假象。

张小姐、李小妹、王先生、赵女士……在不二法门中，只有一个心，没有那么多分别。我爱你，愿意为你而死；我恨你，希望你即刻就死。爱和恨是因为我们的分别心而造成巨大的偏差，但是在真理里，无爱无恨，法界平等，都是一样，这就是不二法门。

中国文化讲究礼义廉耻，重视精神本体的价值，香港理工学院接受西方的思潮，发展物理、化工等应用科学。其实体和用要结合，体用是一而不二，不是分开的。乃至世间、出世间也是不二，烦恼和涅槃也是不二，有和无也是不二。有的未尝有，无也不是无，所谓"空中生妙有"，要"无"才能"有"，要"空"才能"有"。例如房子不空，就不能住人；虚空不空，如何容纳森罗万象？所以，要从"空"里面才能显现胜义的"有"，我们要把"空""有"的两头截断，把它归于中道，中道就是一真法界，是真正的真理。

何谓"不二法门"？维摩诘的"一默一声雷"，就是不二法门。所谓"不二"，佛法上的出世法，佛法讲"烦恼即菩提"，理上是不二的。例如，原本酸涩的菠萝、柿子，经过和风的吹拂，阳光的照耀，就能成熟而变成滋味甜美的水果，可见酸即是甜，甜离不开酸。所以"烦恼即菩提"，这是出世法。

出世法看世间，是从理上来解悟，但是在还没有觉悟的时候，不可以在理上废事。我们可以用理来解事，可以因事而明理，能够"理事圆融"，那才是真正的"不二"。吾人若能将"不二法门"的哲学应用在生活上，自能"人我一如""自他不二"！

◆**有时听闻佛法，觉得道理非常好，但在日常生活中，遇到境界的时候，却派不上用场。请教大师，怎么办才好？**

星云大师：佛教讲"说时似悟，对境生迷"。有时候自己想要这样、想要那样，但是境界一来，就无法自主。所以修行就是要慢慢地增加自己的力量，要能说得到，做得到。

修行是人生很重要的一件事情。衣服破了，要修补一下；家具坏了，要修理一下；头发乱了，要修整一下；指甲长了，要修剪一下。不管日用、仪容，都需要修理、修补、修饰、修正。乃至锅碗坏了，也要修锅补碗；鞋袜坏了，也要修鞋补袜；人的行为有了偏差、过失的时候，更需要修行。

修行，就是修正行为。修行不一定要到深山里去苦思冥想，修行也不一定要眼观鼻、鼻观心地自我独修。甚至修行也不只是诵经、持咒、念佛、参禅。如果天天诵经拜佛，却是满心的贪嗔愚痴、自私执着。不如法的修行，如何会有如法的结果？修行，固然需要；修心，更为重要。行正心不正，有外无内，这就叫作修行不修心，如此不能解决根本问题。修行，也能修心，内外一如，所谓"诚于中，形于外"，则必能凡事皆办，凡修必成。

不管修行或修心，应该从生活里确实来修。衣食住行、行住坐卧之间，乃至做人处事、交友往来、举心动念、晨昏日夜，都可以修行。例如：穿着衣服，庄严整齐固然需要，但是即使破旧败坏，只要清洁淡雅，也无不好，这就是穿衣的修行。饮食三餐，美味可口，人之所欲；所谓粗茶淡饭，也觉得别有滋味，这就是饮食的修行。居住房屋，深宅大院，固然很好；简陋小屋，也如天堂，这就是居住的修行。出门有汽车代步，快速敏捷；无车无船，也能安步当车，这就是行走的修行。

做事勤劳负责，求全求成；做人诚实正直，求真求圆，都是修行。凡是交往，情真意切；凡是接物，至诚恳切，就是生活中的修行。其他诸如经商的人，将本求利，货真价实，老少无欺；当官的人，为民服务，守信守法，就是生活中的修行。

过去禅门大德们，搬柴运水、典座行堂、种植山林、牧牛垦荒，甚至米坊筛米、修鞋补衣等，都是生活中的修行。

所谓修行，就是先要把人做好。做人如果尖酸刻薄、无信无义、无道无德、悭贪吝啬、阴谋算计。心性品德上的缺点不去除，正如碗盘未洗，肮脏垢秽，如此怎么能用来盛装美味的佳肴供人受食呢？

所谓"人成即佛成"！生活中的修行，就是要让自己做人无亏心于天理、无负于人道。如一般人讲，做人要诚实、信用，要孝顺父母，要忠于朋友。能说到做到，培养自己的力量，慢慢就可以"心能转境"，自然就能发挥力量。

我们平时老是重视外在的力量，如胡适之说：被人牵着鼻子走。假如我们能慢慢训练自己的心，心中的所思、所想，你肯定它、主宰它，而不要"心随境转"，让心里的力量强大起来，不随外境动摇，那就有力量了。

◆**有人说，养猪本来就是要提供给人吃的，所以杀猪其实是帮助它早日投胎转世。请问大师，这种说法合理吗？**

星云大师：这种说法不合乎佛法，我们不能认定猪生来就是要给人吃，因此就能任意杀生；就如老虎也会吃人，难道我们会同意：人本来就是要给老虎吃的说法吗？过去人好吃牛肉，现在有了狂牛症；过去人好吃猪肉，现在有了口蹄疫；过去人好吃鸡鸭，现在有了禽流感。这何尝不可以说，动物是在用自己的生命，来保护自己的生存呢？

长期以来，人类肆无忌惮地破坏地球的生态环境，现在大自然不是也在对人类逐一反扑吗？例如沙尘暴、臭氧层破洞、温室效应，乃至地震、洪水、泥石流等，难道对这一切威胁到我们生存的警讯，我们还不能有所自觉吗？难道人类为了生存，还能理所当然地对动植物加以残害吗？

所以，伤害生命的行为，都不能视为是合理而应该的事。佛教提倡不杀生，不杀生是一种慈悲。不杀生而护生，进而倡导生权平等，这是最合乎现代举世所关心的生态保护，也是最积极的重视环保。

佛教对生命的尊重关怀，从一些偈语可以得到印证。诸如："我肉众生肉，名殊体不殊；原同一种姓，只为别形躯；苦痛由他受，甘肥任我需；莫叫阎老断，自揣应如何？""谁道群生性命微，一般骨肉一般皮；

劝君莫打枝头鸟，子在巢中望母归"等。

不杀生就是不侵犯他人的生命。儒家有谓："见其生，不忍见其死；闻其声，不忍食其肉，是以君子远庖厨。"古人的"爱鼠常留饭，怜蛾不点灯"，是对生命的珍惜爱护。

根据佛教《六度集经》记载，佛陀在过去世为鹿王时，曾代替母鹿舍身，感动国王制定动物保护区，禁止猎杀。佛灭度后不久，阿育王更广植树林，庇荫众生，设立动物医院，规定宫廷御厨不得杀生等，凡此都是佛教对于护生的最好示范。今人若能设立动物之家，让动物养老、医疗等，都是积极的护生行动。

现代素食风气兴盛，素食不仅有益健康，而且可以长养慈悲心。慈悲心就是不忍众生苦之心。平时我们在日常生活中，偶一不小心割伤或烫伤手指，即感痛楚，然而有些人却为了一己口腹之欲，杀鸡拔毛，宰猪杀牛，活鱼生吃等。在此之时，可曾体会它们垂死之痛？正如明朝陶周望《戒杀》诗中所云："一指纳沸汤，浑身惊欲裂；一针刺己肉，遍体如刀割；鱼死向人哀，鸡死临刀泣；哀泣各分明，听者自不识。"

蓄养宠物也是现代人的时尚；然而所谓"人在牢狱，终日愁歉；鸟在樊笼，终日悲啼；聆此哀音，凄入心脾；何如放舍，任彼高飞"，把鸟雀关在牢笼里，形同囚犯；如此虐待动物，亦不合护生之道。因此，不虐待动物也是护生，例如，不倒提鸡鸭、不鞭笞牛马、不弹射鸟雀，不垂钓鱼虾等。只是现代的社会，钓鱼、钓虾场到处林立，有的人虽然"醉翁之意不在酒"，纯粹以垂钓为乐，但是尽管钓上来之后又再放生，当下却已对鱼虾造成伤害。如此诱杀诱捕弱小，把痛苦加诸在其他生命之上，何乐之有？

其实，不杀生之外，还应积极地护生。护生最大的意义就是放人一条生路；给人方便、给人救济、给人离苦，给人善因好缘，助成别人的好事等，就是放生。放生、护生，才是对生命的尊重，也能使自我生命有尊严。

◆请问大师，"人间佛教" 相信有灵魂存在这回事吗？

星云大师： 人当然有灵魂的存在，一个人的生存，除了肉体之外，就是要靠内在的精神力当支柱，精神就是一般俗称的"灵魂"。不过佛教不名之曰"灵魂"，佛教认为灵魂只讲到第六识，其实人的生命层次很高，还有第八识，再往上还有阿陀那识，再向上到如来藏，甚至讲到佛性。如果我们有了第六意识的心识慧解，只是一些聪明才智。心灵之上，还有一个第八识真我的本体，才是真正生命的主体，所以佛教不讲究灵魂。灵魂是最肤浅的说法，佛教讲究真心。其实，不只是佛教，就以道教来说，认为"天人合一"，人死了，精神不灭，这就是有灵魂。有些人曾经听过、看过，或者感受过死去的亲人半夜回家的情形。像这类的经验，我想许多人都有，但这不是普遍的。你听到了，我没有听到，你跟我讲，我就说："哪里有这样的事？"这就会变成一种争论。但这是个人的体会，个人的经验，听到了，必定会相信确有其事，而且很执着。

关于灵魂的研究，现在东西方都在热烈地探讨，相信未来必然会有真相大白的一天。不过，不管有没有灵魂，我们宁可信其有。有，还有一个未来，还有一个希望，还有一个精神世界；你说没有，那就表示人死后什么都没有，也就没有希望，没有未来，这太可怕了。所以佛教讲："宁可起有见如妙高山，不可起空见如芥子许。"

佛教讲灵魂，但是不要迷信。如孔老夫子说："不语怪力乱神。"其实佛教本来就不讲"怪力乱神"，真正迷信的，是一般社会人士。佛教对于一些难解的现象，有时候解释它，承认它，但不是崇拜它。像灵魂的有和无，就不是去崇拜它。有无灵魂，就等于有一个茶杯、有一张桌子、有一栋房子，有没有对我不是那么重要，没有太密切的关系。

不过话又说回来，我们要承认世间，要承认它而不要破坏它。例如，一般社会人士的居家生活，离不开金钱、物质，所以人间佛教不认为"金钱是毒蛇"，反而鼓励信众要从事正业来发财致富，也就是赞成信徒拥有净财。因为有了净财，能更好地行善做好事。佛教也不排斥正当的情爱生活，不但希望夫妻要相亲相爱，并愿天下有情人皆成眷属。所以，人间佛教希望每个人都能奉行三好运动，要"做好事、说好话、存好心"，让心中充满真善美，继而把自己的心量扩大起来，不要嫉妒，不要怨恨，自然而然就能心包太虚，就能与宇宙同在。

虽然有人说"灵魂不灭，精神不死"，这是对人生的探讨，但还是不够究竟。求其究竟，应该"真常唯心""涅槃寂静"，也就是要把第八识转为大圆镜智，才是我们的本来面目。认识第八识，并不是从知识上就能容易了解的，第八识的大圆镜智，必须靠修持、体验，才能证得。假如吾人能将"八识"转成"四智"：转前五识为"成所做智"，转第六识为"妙观察智"，转第七识为"平等性智"，转第八识为"大圆镜智"，那时候，吾人不但拥有灵魂，而且佛性都能现前，还怕人生不圆满吗？

◆如果打死一只蚊子，是为了不要让它再去叮咬别人，基于这样的出发点就可以打死蚊子吗？请问大师，您的看法如何？

星云大师：有人说"杀猪将来变猪，杀鸡将来变鸡"，那我杀人将来就能投胎做人。其实这样的理论是不合乎因果，是一种可怕的邪见，因果的内容绝不是如此的刻板。你把饭吃到肚子里，排泄出来的还会是米饭吗？学生犯了错，老师处罚他面壁，甚至罚站、罚跪，难道讲因果，学生也可以罚老师面壁，要老师罚站、罚跪吗？

动物里有一种螟蛉子，它与蝴蝶有因缘关系，但不一定就是蝴蝶。一亩田地里，同时播下的种子，长出来的禾苗，也有高矮不同。所以，"因缘果报"的关系，从"因"到"果"，其中"缘"的关系轻重，不能不注意。

刚才你说，打死蚊子是为了不要让它再去咬别人；它去咬别人，别人一滴血就能维持它的生命，而你为了一滴血却要了它的命，如此说来，是让它维持生命好呢？还是为了免去别人少一滴血就去打死一只蚊子好呢？二者之间如何算法？我想最好还是不要多管闲事。

话说有一群人大清早在河边等渡船，准备要到对岸办事。船夫来了，把渡船从沙滩上推到河里去，结果沙堆里有很多小鱼、小虾、小螃蟹，都被船压死了。

船夫撑船把大家载过河，由于船小人多，因此留下一些人等着下一班船过河。留下的人当中有一位秀才和一位禅师，当在等船的时候，秀才问禅师："和尚、和尚，你看到了吗？刚才船夫把船推下水的时候，压死了好多的小螃蟹、小鱼、小虾。请您说说看，这到底是乘客的罪过呢？还是船夫的罪过？"

这一个问题坦白说并不容易回答，因为如果说是船夫的罪过，船夫是为了要渡人到对岸去，他并没有想要杀生；如果说是乘客的罪过，他们是为了过河，也没有想要杀生。可是明明船下确实是压死了那么多条生命，这究竟是谁的罪过呢？

禅师的回答很妙，他说："是秀才你的罪过。"

秀才一听很生气："怎么会是我的罪过呢？我又不是船夫，我也没有坐船，怎么会是我的罪过呢？"

禅师说："因为你多管闲事。"

禅师的说法很有道理，这个世间常常是本来没有事，但就因为有一些人多管闲事，因此惹出许多的是非来。很多时候，只要我们不要多心，就什么事也没有，但是我们常常把很自然的事，想得太多，画蛇添足，因此研究得太深，反而不正常。例如，佛经说"佛观一钵水，八万四千虫"，是否我们就不要喝水了呢？这是不对的，因为我只是喝水，并没有想到水里面有八万四千虫。

有人感冒打针，一针下去，多少细胞、微生物都会没命，你怎么忍心呢？其实不是，我们打针时，并没有想到会杀死病菌，只想到我要健康。以人为本的佛教，人的健康很重要；以心为重的佛教，心净国土净。因此，纵有杀生的行为，但没有杀生的念头，此与嗔心而杀的果报是迥然不同的。

人死后举行火葬，火葬的时候，火柴、身体里面都有很多的寄生虫，一把火把它们都烧死了，是否犯了杀生戒呢？没有，因为我的出发点只是为了不愿看到尸体腐烂，我的目的是火葬，是举行葬礼，不是为了烧死这许多寄生虫。我没有杀心，这是很重要的，我的心中没有杀生的念头，纵使有杀生之行，就像法律上，即使过失杀人，罪过也会轻一些。所以，有时候心的造业，心所表现的力量是很重要的；没有心念的发动，纵使行为上有罪，罪过也会减轻。

◆有的人说，生病是杀业的果报。现在有很多人用气功治病，但是从因果法来看，以气功等方法治病，对果报而言，是延迟的，是化解的，还是等到下辈子再去受？请问大师，这应该如何解释？

星云大师：人有了生命，有了身体，当然就会有病苦。有的人活到七八十岁，身体还很健康；有的人二三十岁就衰弱不堪。这当中当然是有因缘果报的关系。

不过，运用气功把病治好了，这也合乎因果报应的原理。因为这正说明人生虽然难免会有一些苦难，但是苦难也有化解的方法。所以一个人生病了，如果服用药物，把病治好了，这也是说明行为的业报是有方法消除的。

关于消业的原理，我举个譬喻来说，一把盐放在一茶杯水里，水会很咸；如果把一把盐放在一盆水里，不但不咸，而且味道会更好。所以，一面有业障，一面也有我的愿力。水的多少，就如我的慈悲心大或小。我有功德，我的功德能把业障减少。再举一个例子，一块田里，种的种子长成了禾苗，草也跟着成长，那该怎么办呢？必须慢慢把草拔除。但是"斩草不除根，春风吹又生"，杂草拔了又生，永远也拔不完。没有关系，等到禾苗长大以后，下面纵有一些杂草存在，已经不妨碍禾苗的生长了。

这也就是说，我们过去所造的业，要一下子就消除竟尽，并不容易，但是只要我的功德禾苗长大了，何必在乎下面的一些罪业之草呢？

所以，有了业障不必怕，只要多行善事，好好的积德培福，还是有办法消业。只是，人很多时候积了功德，又把功德给漏了，就如茶杯破了洞，水都流走了，功德也不存在了。

为什么功德会漏了呢？漏，就是烦恼、情绪、恶念、贪嗔愚痴。也就是当我们在做功德的时候，忽然为了一些令自己不满意的小事，就口出恶言、心存恶念，如此纵有布施，功德也会大大减少。因此，每个人对于身、口、意三业，要时时谨慎，莫令造业，否则让功德漏了，不是很可惜吗？

刚才说到身体有病，也不一定只有用气功来治疗，有的人用药物治疗，有的人用物理治疗、化学治疗，或是心理治疗、饮食治疗，甚至水疗法、热疗法、蒸气疗法等，只要能对症，所谓"方便有多门"，一些病痛有这么多方法可以治疗，又有何不可呢？所以，通过气功等各种方法来治病，也是合乎因缘果报的原理，只要方法正当，不必作过多的联想。

◆**请问大师，想在家中自己修行，有什么简易的修行法门可行？**

星云大师：居家修行，可依自己的时间、环境等时空因缘而制定简易、相应的修行法。例如，喜欢打坐的人，早上醒来，不要急着下床，可以在床上静坐五分钟。或者晚上临睡前，不要忙着躺下来，也可以在床上静坐五分钟。五分钟做什么呢？最好什么都不想；有时坐着坐着，又再打瞌睡，那也没有关系。有的人说，什么都不想，很难；那就把念头集中，专注观想，想光明，想佛祖，想好事。

如果你觉得坐在床上，静静的，没有动作不好，那就念一卷《般若心经》，或是念一卷《大悲咒》，两三分钟，很容易。或者如果你躺在床上睡不着，也可以来个"十口气念佛"，也就是连声称念"南无阿弥陀佛"或"阿弥陀佛"，念十口气。随各人一口气的极度称念，不限制佛号的次数多少，以及念佛的声音高低缓急，随自己的气息而念。如此连续称念十口气，叫作十念法，目的在借气息调伏内心的散乱。

最近我为了让在家信徒容易修行，撰写了100篇的《佛光祈愿文》。前几天我在红磡体育馆讲演的时候，每天都念一篇《佛光祈愿文》，每篇大概念上四五分钟。你们可以在早上或晚间，为100种不同行业的人祈愿祝福。你的慈悲心散播到他们的行业里，跟他们结缘，也是一种修行，这是在家庭里自我修行最好的办法。

此外，家中如果有佛堂，早上一炷香，礼佛三拜，或者问个讯，或者献一朵花，都可以。但重要的是，要持之以恒，每天即使再忙，也不能缺课，这表示心中有佛。当你养成习惯以后，自己就会觉得时时与佛同在，时时心中有佛，久而久之，就会产生很大的信心与力量，这就是修行。

◆病人在医院治疗，各种药物、仪器都无法帮他完全康复，只有增加痛苦；但不医治，就会死亡。请问大师，在这种情况下，医生应该如何做才是慈悲？

星云大师：在病人无法被救活，不救活，又觉得何能见死不救，这种情况下，最好是顺乎自然。我看过医院里有许多病人，实在是无法活下去了，家人、医生还用氧气筒、打针、输血等种种的方法，想要让他活命，实际上是增加他的痛苦。

我觉得死亡是很自然的事，没有什么大不了。因为生命是死不了的，等于移民一样，死的是躯体。一般中国人的观念，好死不如歹活，就是宁可痛苦一生，也不要死，这是错误的观念。

目前台湾对于生死的研究很热门，如南华大学首创"生死学研究所"，甚至我们的学生志愿到殡仪馆为亡者服务。由研究生来为亡者服务，今后必能提升死亡的质量，让死亡不再让人感到那么可怕。

有人问，不信宗教的人会死，信仰宗教的人一样会死，那么为什么要信仰宗教呢？要知道，一个有宗教信仰的人，他有信仰宗教的情操，有信仰宗教的修行，就能增加自己面对生死的智慧与力量。他能认识生死是很自然的事，例如死亡就如回家，所谓"视死如归"，不是很安然，很快乐吗？所以，自古以来种种的修行法门，如果应用得巧妙，不但生活没有忧悲苦恼，而且面临死亡，也能无忧无惧。因此，刚才谈到居家修行，能够应用得习惯，自然有百益而无一弊。

总之，老病衰残是自然的现象，死亡有时如油尽灯干，所以不必为死亡害怕。生死是一如的，生也未尝生，死也未尝死，就如佛陀，也是"有缘佛出世，无缘佛入灭"，一切都要看缘分。因此，凡事不必强求，顺乎自然最好。

◆怎样才算是正信的佛教徒，请大师开示。

星云大师：皈依三宝是成为正信佛教徒的第一课。一个学佛的人，如果没有经过皈依三宝的仪式，即使上香礼拜，也只不过是一个对佛教尊重而有兴趣的人，不能算是真正的佛教徒；就好比一个学生，如果不曾办理注册手续，永远只是一个旁听生罢了。皈依三宝以后，就表示自己从此信奉佛教，成为三宝佛法僧的弟子，不再信仰其他宗教，所以皈依三宝是确定信仰目标的表示。

为什么我们要皈依"三宝"呢？简单地说，三宝是冥冥暗夜里的灯烛，是滔滔苦海内的航舟，是焰焰火宅中的雨泽。"皈依"三宝，是"皈投""依靠"佛法僧的意思。世间上，小孩子需要依靠父母，生命才得安全；老人需要依靠拐杖，走路才能安稳；航海的人需要依靠指南针，船只才能平安航行；黑夜中需要依靠明灯，行人才能看清方向。三宝就像我们的父母，当一个小孩被人欺侮时，虽然父母不在身边，但是只要他叫一声"妈妈"，别人就不敢再欺负他了，因为他有母亲。同样的，世间邪魔歪道、坏人坏事很多，有了三宝作为依靠，生命就有了安全的依怙。

三宝像指南针，可以引导我们在茫茫的人海中航向平安的避风港。每个人到了晚上都知道要回家。皈依三宝，常念三宝的功德，可以让我们仰仗三宝功德的加被，借此宝筏，出生死流，勇渡生死苦海，回归真实的自我，回到自己真正的本来之家。所以皈依三宝可以让我们现世找到安身立命之处，让我们未来有家可归！

皈依三宝成为一个正信佛教徒以后，还要有修行的信仰生活，有修行才有体验，有信仰才有力量。

说到信仰、皈依，事实上，佛陀并不要我们信仰、皈依。我们所以信仰佛教、皈依三宝，重要的是要肯定自己，找到自己，因为人人有佛性。

所以，佛法里有一句伟大的名言："自依止、法依止，莫异依止。"就是要我们皈依自己、找到自己，而不要皈依其他，不要被人牵着鼻子走。佛教徒皈依佛、法、僧三宝，即皈依佛、皈依法、皈依僧：皈依佛，佛如光明，有了光明，就能驱走黑暗，带来希望；皈依法，法如净水，有了净水，可以滋润大地，生长万物；皈依僧，僧如福田，有了福田，可以给人播种，广植福德。

不过，一般佛教徒皈依以后，平常并不去亲近善知识听经闻法，只是祈求佛祖保佑，他就只有皈依"佛宝"；有些知识分子，只要研究佛法，但是他不拜佛，也不敬僧，他就只有皈依"法宝"；有的人学佛只看哪个法师跟他投缘，他就去亲近，既不听经，也不拜佛，他也是只有皈依"僧伽"一宝。严格说来，这些都不是真正的"三宝"弟子。真正的三宝弟子，皈依以后，应该礼佛、闻法、敬僧，尤其要有正知正见，要深信因果，要能"诸恶莫作，众善奉行"，如此才能获得佛法的受用，才能得到信仰的利益。

总之，佛教讲人人有佛性，佛教徒可以什么都不信，但不能不信因果；可以什么都没有，但不能没有慈悲。信了佛教以后，可以让我们的心灵扩大，可以让我们的生命升华，可以让我们懂得广结善缘、慈悲友爱。学佛修行，皈依三宝，成为正信的佛教徒，可以获得无上的利益、功德，这是不容置疑的。

第六讲

佛教对丧葬习俗的看法

人生有两个大问题需要解决，一个是"生"，一个是"死"；人生也有两个大谜团需要解答，一个是"生从何来"，一个是"死往何去"。

"生死"是每个人都必须面对的人生课题，但是多数人"生"的时候不知生命所为何来，生命的意义、价值何在，每天只是浑浑噩噩地过日子，甚至忧悲烦恼、痛苦不堪地活着；到了"死"的一刻，不但临命终之人本身对死后的世界茫然无知而感恐惧害怕，就是在世的亲人眷属，也要面临众说纷纭的各种丧葬习俗而手足无措，真是"生固不易，死也艰难"。

为了化解世人"生死两难"的窘境，2006年3月3日，星云大师在美国西来大学主持远距教学口，特别以"佛教对丧葬习俗的看法"为题，针对一般人对生与死的迷思，以及民间对丧葬礼仪的迷信，给予大众正确的观念与认识。

大师有感于"世间有很多风俗与迷信，而人本来就有很多的执着，若再被捆绑于迷信神权之中，则不得自由"，因此针对"人死后八小时之内不宜搬动遗体吗？""客死他乡者，遗体不能返回家中吗？""烧'往生钱''房子''电器用品'给亡者有用吗？"乃至"家人往生后，亲属应该为亡者做些什么事，才是最有益于亡者"等"丧葬习俗"问题，一一解惑释疑。

另外，大师特别从佛教的观点，提出对生死的看法。大师表示："生死是一体的、自然的、无分别的；生死如燃薪、如换衣、如搬家、如出狱，吾人对生死应该要认知，但不要太介意。"大师尤其强调："人生最重要的是，别人给我们因缘，我们也要给别人因缘，所以人生的意义应该是服务、奉献、结缘。"

诚如大师所说，佛教旨在帮助人们解决生与死的问题；佛法能指导我们超越生死，达到不生不死、解脱自在的涅槃境界，而这正是佛法的尊贵之处。以下是当天的座谈纪实。

◆凡人皆"好生恶死"，认为"生之可喜，死之可悲"，请问大师，佛教如何看待"生"与"死"？

星云大师：生死是人生两大课题，所谓"生死事大"。生死是人生必经的过程，当人出生之时，就注定了死是必然的结果，所以"有生必然有死"。

一般人总把"生"与"死"看成是两回事，事实上生与死是一体的两面。生是死的延续，死是生的转换，生死如影随形，生了要死，死了还会再生；生生死死，死死生生，生也未曾生，死也未曾死。生死只是一种循环现象，就如时辰钟，从一走到十二，还会回到原点，继续再往前走。所以生死是环形的，"生命"就在生死中轮回不已。

生死循环，本来是再自然不过的事，但在古老的观念里，总认为"生之可喜，死则可悲"。当人出生之时，弄璋弄瓦，皆在庆贺之内；一旦撒手人寰，即呼天喊地，万分感伤悲泣。其实在一个佛教的悟道者看来，生的时候应该就要知道生命终究会有死亡的一天。

有一户人家老年得子，欣喜万分，正在家里高兴庆祝的时候，门口来了一个和尚，对着众人放声大哭。主人很不高兴，说道："出家人，你要化缘我可以给你钱，干嘛在我们家门口哭哭啼啼？你不知道我们正为生了个儿子在庆祝吗？"禅师回答说："我不是来化缘的，我是来哭你们家多了一个死人。"

人生，生了就会死，死了又会再生，"生死一如"，生死犹如一张纸，只隔一面而已。当人活着的时候，都有一个身体，一旦寿终命尽，物质的身体会朽坏，但是真正的生命，佛教称为"阿赖耶识"，或叫"如来藏""真如佛性"，也就是世俗所谓的"灵魂"，会随着业力轮回转生，不管驴胎马腹，五趣六道，生命的形体有别，生命的本体永远不变。就如金子做成耳环、项链、戒指等，相状虽然不同，但金子的本质都是一样。

人的身体，又如木柴；木柴烧火，一根接着一根，纵然木柴不同，但是生命之火仍会延续不断。人的生命也如杯水，茶杯摔坏了不可复原，但是水流到桌上、地下，可以用抹布擦拭，重新装回茶杯里；茶杯虽然不能复原，但生命之水却一滴也不会少。因此，真正的生命是不死的，死亡朽坏的只是身体，我们的真如自性，法身慧命没有生死。

人因为有一个身体，所以有老病死，有痛苦。有时候我们听到有人说"生不如死"，可见生不一定快乐，死也不一定痛苦。甚至佛经说"三界如牢狱"，意思是说我们来到人间，就如住进牢狱一般；到了死亡的时刻，就好比刑期满了，何尝不是一种解脱！

人之死亡，又如住久了的房子，一旦朽坏，就要拆除重建，才有新屋可住；当新居落成之时，所谓"乔迁之喜"，应该可喜，不是可悲！只不过佛教虽然以"乔迁之喜"来形容生死，说明房子旧了必须搬一个新居，衣服破了应该换一件新衣，身坏命终也会赋予另一个新的躯壳。但是对一个尚未悟道解脱的凡夫众生而言，生死确是人生最大的烦恼，也是轮回的根本，"生、死"加上"老、病"，在人生"八苦"之中即占了一半，所以学佛的最终目的，就是要"了生脱死"，不再受生死轮回之苦。

佛教其实就是一门"生死学"，佛教非常正视生死问题，例如观世音菩萨"救苦救难"，就是解决生的问题；阿弥陀佛"接引往生"，就是解决死的问题。佛教对生死的看法，如宗衍禅师说："人之生灭，如水一沤，沤生沤灭，复归于水。"道楷禅师示寂时更说得好："吾年七十六，世缘今已足，生不爱天堂，死不怕地狱，撒手横身三界外，腾腾任运何拘束。"佛法教我们要认识生死，就是要我们改变消极的看法，通过修持，以正确的态度面对生死，处理生死，乃至解脱生死，如此才能真正拥有幸福的人生。

因此，对于生死问题，我们应该认识它，但不要太介意。如《佛光菜根谭》说："死，是生的开始；生，是死的准备。生也未尝生，死也未尝死。生，是缘生故有；死，是缘灭故无。无生也无死，无死也无生。"人生世缘已了，随着自然而去；重重无尽的未来，也会随着因缘而来。如果我们能把生死看成"如如不二""生死一如"，那就是深谙生死之智慧了！

◆生与死既是生命的循环现象，请问大师，我们要如何正确地认识生命的本质、生命的实相、生命的意义与生命的轮回呢？

星云大师：人的生命是由父精母血以及业识的因缘和合而来。众生依过去善恶业因所感得的果报正体，有天上飞的，有水中游的，有陆上爬的，有山中走的；也有两栖或多栖，乃至无足、两足、多足等类别。

在各种生命当中，有的生命是独立的，有的生命是共生的，有的生命是寄生的。甚至有的生命是有形的，有的生命是无形的；有的生命会动，有的生命是不动的。

生物学家为生命所下的定义是：凡经历生长、繁殖、死亡过程的，都是生命。在此定义下，无论动物或是植物，都有生命。

从更广义的层面来说，大自然里到处都有生命，一片菜叶有生命，一滴水也有生命，都要爱惜。山川日月，苍松翠柏，几千年、几万年，时间就是生命。乃至佛教讲"三界唯心，万法唯识"，时辰钟表，我用心、用智慧去制造它，时钟里就有我的生命。一栋房屋，因为我的设计、监工才能成就，房屋中就有我的生命存在。地球生态被破坏，海洋、空气被污染，环保人士用爱心来保护，给予爱心就有生命。

因此，所谓生命，都在时间之流，甚至在空间之流、在情爱之流中。生命的价值就是爱，生命的意义就是惜，例如一件衣服，一张桌椅、一架冷气机、一辆汽车，你好好爱惜它，不随便破坏，让它多使用几年，就是延续它的生命。所以不只人有生命，凡是有用的、活动的、成长的，可以说宇宙万有都有生命。

若以人来说，生命也不仅止于活着的时候吃饭、穿衣等一切活动，即使死亡也是生命的一个阶段。死亡并不代表什么都没有了，死亡只是这一期生命转换成另一期的生命，就像把一粒种子播撒下去，它会发芽、生长、开花、结果，而后有了种子，再播种下去，又是另一个新生的开始。因此佛教认为生命是不死的，死亡只是一个环节，死亡只是一个蜕变，死亡是另外一期生命的开始，生命的本体并没有改变。

从佛教的缘起法来看生命的本体，生命是延续性的，生命是有传承的，生命是有程序的，生命也是会变化的。例如六道轮回就是变化；又如低等植物慢慢发展成高等的植物，甚至高等动植物也会慢慢退化为低等的动植物，也都是变化。

甚至佛教讲，生命是"三世轮回"的，也就是说，众生无始以来由于身口意造作的业力，形成了因果相续、无始无终的生命之流，而现起了天、人、鬼、畜等六种多样性的生命现象，佛教称之为"五趣流转，六道轮回"。

生命之流不但在五趣六道里流转不停，而且佛经说"此有故彼有，此无故彼无"，我们的生命不是突然而有，也无法单独存在。例如，我们要仰赖农人耕种，才有饭吃；要有工人纺织，才有衣穿。甚至父母养我、老师教我、社会大众共同成就之外，还要自然界的阳光、空气、水分等宇宙万有"众缘和合"，我才能存在；如果宇宙万有缺少了一个因缘，我就无法生存了。

也就是说，吾人的生命不是建筑在自己的身体上，而是必须仰赖士农工商、社会大众的众缘成就；失去大众的因缘，吾人的生命就难以维系。尤其在众多因缘当中，因为父母相爱，有缘结合，再加上我的业"因"和他们为"缘"，因此生养了我。所以，我们要研究生命从哪里来。简单说，生命是从因缘所生，人是从业感而来，由于我们的行为造下各种业，最后就会随业而受报，所以生命就在"因缘果报"里随着业力流转不停，这就是生命的去来。

生命是生生不已的，因此现在的生命学家也不能只是研究人类的生命，还要研究生命的循环变化，例如地质学家研究地壳变化，天文学家研究宇宙星辰，气象学家研究大气变化，生物学家研究动植物，微生物学家研究细胞分裂，考古学家研究古今渊源，历史学家研究人文发展等，每个领域都有它的生命价值与意义。

生命的意义，是珍惜人与人之间的因缘。别人给我们因缘，我们也要给别人因缘，所以人生的意义应该是服务、奉献、结缘。例如，给人方便，给人救济，给人离苦，乃至给人善因好缘，助成别人的好事等等。我认为每一个人都应该留下能造福社会、让子孙继承不辍的"事业生命"；能传递知识、文化资产的"文化生命"；能有嘉言懿行，让后代依循受用的"言教生命"，以及信仰的生命、道德的生命、智慧的生命、功德的生命、环保共生的生命等。如此，能把自己的精神、智慧，都流入无限的时空中，才是真正发挥生命的意义。

◆死是人人必经的过程，过去一般佛教徒总认为人死后八小时之内，最好不要随便搬动遗体，请问大师对此有何看法？

星云大师：人死后八小时之内能不能搬动遗体？这就要谈到"死"的认定标准：是脑死？还是心脏停止跳动？脑死，但心脏还在跳动，还没有死；心脏停顿了，但身体仍有温度，也还没有死亡。

人死亡的一刻究竟要怎样判定呢？在《四十二章经》里说：人命在呼吸之间！没有呼吸就算没有生命了吗？但是有的人呼吸停止了，通过人工呼吸，又可以把他救回；有时候心脏没有停止，脑神经也有活动，可是分别意识没有了，如此也可以算是死亡。

什么时候才算是死亡？佛教认为意识离开身体、精神脱离躯壳的时候，就是死亡了。其实，何时才算死亡，时间的认定不是很重要，我认为让病患死亡的时候不觉得痛苦而感到安然，要比时间的界定更为重要。一般佛教徒，尤其依照净土宗的说法，人死之后，如果神识还没完全离开，你搬动他的身体，万一他感到痛苦，生起嗔恨心，就不容易往生净土。甚至人死的时候，不但不能搬动，也不能哭泣；如果亲人在耳边哭泣，他听到哭声就会留恋，一留恋，就会错过往生西方极乐世界的因缘，所以佛教徒主张为亡者念佛，希望亡者随着念佛的声音，于一念顷，往生佛国。

既然于"一念之间"就能往生净土，为什么说人死之后需要八小时才能搬动遗体呢？经常有人问起这个问题。依我的了解，佛经里并没有这样的记载，但是一般民间习俗有这样的说法。我想这可能是过去农业时代，一般人在外求学、工作，如逢家中有人往生，不能及时赶回，难免引以为憾，因此有"八小时以内不入殓"的习俗，以便让亲人见亡者最后一面。

但是，现在交通便利，一旦家中有人往生，只要一通电话，亲人很快就能赶回，随侍在侧。在这种情况之下还需要八小时吗？如果一直保持这样的观念，现在的医院可能会不欢迎这种人，因为你占用了病房，会让医院减少收入，不合经济成本。不过，如果病人一断气，马上就送到太平间，甚至举行火化，也不是很妥当，因为被送到太平间又活过来的人，不乏其例。因此，折中之道，不要死后马上入殓，但也不一定要等八小时，约莫两三个小时的观察，应该算是中道。不过更重要的是，最好八个小时之内，亲属轮流念佛，不要哭泣，不要吵杂，这是对死亡者最大的帮助。

总之，八小时之说并非绝对，应该依时空人事权宜处理。例如：遇到意外死亡，身体受伤严重；或在医院中往生，诸多不便；或者生前就已发心捐赠器官，希望遗爱人间者，都应该不必拘泥于八小时不可移动的禁忌，以免流于执着。

◆ **"生从何来，死往何去"，千古以来一直是人们不解的迷思，可否请大师再针对死亡后的现象、情景，多做一些开示。**

星云大师：前面讲过，有生必然有死，生死是人生的实相，死亡是人人所不能免除的。甚至人以外的一切众生，无论智愚贤不肖，最终都免不了一死。只不过死亡的情况千差万别，各不相同。依经典记载，死亡可分为四大种类：

（一）寿尽而死：这是一般所谓的"寿终正寝"，如同灯油燃尽，灯火自然就会熄灭。一般人虽然莫不希望"延年益寿"，但总有上限；人命在呼吸之间，到头来还是免不了黄土一抔。所谓"有朝生而暮死者，有春夏生而秋冬死者，有十年、百年、千年而死者，虽有迟速，相去曾几何时？"这是说明人寿有限，在劫难逃。

（二）福尽而死：经上说"世人无知生死，肉眼不知罪福"，一切众生的寿命就像水上的气泡，气散则灭；一旦自己拥有的福报挥霍尽了，自然就会人死神去。这就如千金散尽的富翁沦为乞丐，终究会饿死、冻死，是一样的道理。

（三）意外而死：就是一般所说的"横死"，是指本来想着不应该死，因为遭受意外，回避不及而身首异处。例如：战死、车祸亡故、被人刺杀，乃至被虎豹豺狼咬噬等，都是事先难以预知的。俗语说"三寸气在千般用，一旦无常万事休"，就是形容这种变故。

（四）自如而死：前三种死都是不可预料、不能自主的，而自如的死法，却是可以把握，能够自主的，也就是佛门中"生死自如"的境界。佛教里有很多修持功夫深的古德，要生就生，要死就死，以因缘聚散及道法圆满为生死，不受一般生死大限的钳制。

其实，所谓生命，包含生和死。生固然是生命，死也是生命。死亡并不是消灭，也不是长眠，更不是灰飞烟灭、无知无觉，而是走出这扇门，进入另一扇门，从这个环境转换到另一个环境。经由死亡的通道，人可以提升到更光明的精神世界里，因此佛经对于死亡的观念，有很多积极性的譬喻，例如：死如出狱、死如再生、死如毕业、死如移民、死如搬家、死如换衣、死如新陈代谢等。

一般人总是畏惧死亡，尤其老年人最关心的问题，就是死亡痛不痛苦？死亡以后到哪里去？如果确知死亡的那一刻能够不痛不苦，就如睡觉一样；知道死亡以后可以上天堂，或者再来人间，甚至往生西方极乐世界，如此死亡不也是很美好的事吗？

有一个老太太临终之前，儿女、亲戚、朋友都到医院来看她。老太太的大儿子是个牧师，他说："妈妈就快要去了，我们来替她祈祷，愿她上升天国吧！"老太太突然张开眼睛，说："在上升天国之前，你们弄一杯酒来给我喝好吗？"这是妈妈临死之前的愿望，应该要满足她，于是儿女们赶快找酒来给妈妈喝。喝过酒以后，她又说："再有一支烟抽那就更好了。"这时小儿子说："妈妈，医生说，临终的人不可以抽烟。"妈妈说："什么医生？死的是我又不是医生，我就是要抽烟。"想想，这也不是什么要紧的事，因此赶快找一支烟来给妈妈抽。喝过酒，烟也抽了，老太太一脸满足地含笑对儿女们说："人生真是美啊！谢谢大家，未来再见！"

面对死亡，能够这么洒脱，死亡又何惧？因此，如果我们能够了解死亡的真相，死亡对我们而言，就像领了一张出国观光的护照，到处可以海阔天空，悠游自在。死亡也像移民一样，只要你有生存的资本，只要你有功德法财，即使换一个国土，又何必害怕不能生活呢？所以死亡并不可怕，死亡之后到哪里去才是要紧的事。

◆中国的习俗中，认为客死他乡者的遗体不能返回家中，有拜"脚尾饭"，以及烧"往生钱"、"房子""电器用品"给亡者的习俗。请问大师，亡者真能收到这些东西吗？佛教对这些民间习俗及禁忌有何看法呢？

星云大师：中国人一向重视"寿终正寝"，认为客死他乡，或是在外车祸死亡的人遗体不能返回家中，否则会不吉利。其实过去农业社会里，人们多半一生守在自己的家园，客死他乡的几率比较小；但现代工商社会，许多人外出谋生，横死在外地的人愈来愈多。一个人死在他乡已经很可怜了，为什么不让他回家？如果能换个观点想，"他一个人死在外面很可怜，要赶快让他回到家里，他会感觉比较温暖、安心"，那就没有什么忌讳了。

另外，中国民间有一种习俗，人死之后要烧金银纸，也就是"往生钱"。现在更衍生出烧"房子""电器用品"，甚至"汽车""手机"等物品。这是源于中国人的传统观念，认为人死必到阴间做鬼，亲友唯恐其在黄泉路上无资可用，所以才有烧冥纸的做法，为的是要让祖先在阴间的日子好过一点。其实这种想法不但大错特错，而且是对父母长辈的大不敬。因为人死之后，会随着各人的业力不同而有不同的归宿。有的可以升天成圣，有的转世做人；除非是作恶多端、罪孽深重的众生，否则人死之后并不一定都会下地狱或变成饿鬼。如果我们想当然地认为祖先死后必然为鬼，难道父母亲人在我们的心目中是个大恶人吗？我们为什么不想：父母亲人去世，是到天界去享乐，或者是往生西方极乐净土呢？

所以，佛教虽然承认鬼的存在，但并不是人死必然为鬼；人离开了这个世界，前往的地方也不仅仅是地狱，也许是往生净土安养，也许是到天堂享乐，也许是再降生为人。而决定人死亡之后投胎转世所依凭的业力，则可分为三种：

（一）随重的业报：就生前所造的善恶业中，何者为重，何者先报。

（二）随忆念的业报：由八识田中的忆念种子决定去向。譬如有人出门，茫然来到十字路口，东西南北，不知去向何方？这时突然忆起西街有一位朋友，就朝西方走去。人在临命终时，也会随忆念而受报。

（三）随习惯的业报：就各人日常的习惯而受报。譬如修净土法门的人，一心称念"阿弥陀佛"，目的就是要养成念佛的习惯，一旦临命终时，一声佛号就能与佛感应道交，而得往生极乐净土。

因此，人死不一定为鬼；即使是鬼，其能享用的资具也要依自己的福德而定。如果是没有福德者，再多的冥纸对他也没有用；如果是有福德者，就算没有冥纸，也能得到供养。

不过，中国人向来重视孝道，为了慎终追远，表达对亡者的思念、敬意及关怀，用烧金银纸来行教；而西洋人则用献花的方式，做法不同，心意一样，也无可厚非。但是最好不要太铺张浪费，甚至可以提升做法，例如建纪念堂、纪念像、纪念塔，设置奖学金、修桥铺路、印经书、装佛像，也是对先人很好的纪念方式。当然，若能趁着长辈亲人在世时，好好地孝养，则比死后才烧纸钱、纸房子，要来得积极而且有意义多了。

◆中国人好面子，常在丧礼中大肆铺张，诸如"五子哭墓""中西乐队""电子花车"等，不但浪费，而且有失庄严。甚至丧礼中还要杀猪、宰羊来祭拜亡者和诸路鬼神。请问大师，有什么办法可以导正这些民间风俗呢？

星云大师："人死为大"，这是中国人根深蒂固的观念，一般民间对葬礼都极为讲究，认为葬礼办得风光体面，才能表示对亡者的尊重与孝顺，甚至还可借此彰显自己的社会地位，增加自己的荣耀。因此一些有钱人家，遇有长辈往生，莫不极尽铺张，不但请来"五子哭墓""中西乐队""电子花车"等大做排场，而且杀猪、宰羊，大宴亲朋好友。

其实，中西乐队等热闹排场，对亡者毫无帮助；宰杀生灵，宴请亲友，则是替亡者造作罪业，加重其负担。根据佛教的《地藏经》说："临终之日，慎勿杀害，及造恶缘，拜祭鬼神，求诸魍魉。何以故？尔所杀害，乃至拜祭，无纤毫之力，利益亡人，但结罪缘，转增深重。假使来世，或现在生，得获圣分，生人天中；缘是临终，被诸眷属造是恶因，亦令是命终人殃累对辩，晚生善处。何况临命终人，在生未曾有少善根，各据本业，自受恶趣，何忍眷属更为增业。譬如有人从远地来，绝粮三日，所负担物，强过百斤；忽遇邻人，更附少物，以是之故，转复困重。"又说："若能更为身死之后，七七日内，广造众善。能使是诸众生永离恶趣，得生人天，受胜妙乐，现在眷属，利益无量。"

因此，家有丧事，切忌杀生祭拜，也不要铺张浪费；丧礼应以简单隆重、庄严肃穆为宜。如有需要，可以成立治丧委员会，一切依佛教的仪式举行入殓、火葬，而后奉安寺院纳骨塔。往生佛事则可以到寺院参加随堂超荐，也可以自己在家诵经念佛，把省下的丧葬费用，以亡者名义捐助文化、教育、慈善、公益福利事业，如此不但让亡者德泽人间，也可以把功德回向亡者莲品增上，可以说是自利、利人。这是最值得提倡的丧葬典范。

◆**一般人遇到家中有人往生，往往慌乱、不知所措，尤其丧仪的安排，往往会有来自旁人的七嘴八舌，以及亲朋好友的许多意见，让家属不知如何是好。请问大师，面对这种情形，家属应该怎么办才好呢？**

星云大师：在传统的中国农村社会里，一家有了丧事，亲友邻居纷纷献策，乃至一些三姑六婆，这个人说这种习俗，那个人说那种规定，搞得孝子贤孙不知如何才好。如果你是正信佛教徒，应该要有主见，依佛法而行。

我童年时，父亲的死亡我并不知道，不过在我九十五岁的老母亲往生时，我不许任何人替我作主张，因为往生的是我的母亲，别人不必七嘴八舌地乱出主意。

其实，中国民间的丧葬礼仪本来就众说纷纭，莫衷一是，尤其中国人重视伦理，从伦理里也衍生出不少习俗来。例如人死后，孝眷为表哀思，几天内不可以刮胡子，不可以更衣，儿女要从门外跪着爬进屋里等，这些近乎整人的方法都没有顺乎自然。乃至生肖犯冲、生辰犯冲、八字犯冲的人不能送葬，甚至丈夫死了，妻子不能送上山头，否则就表示想要再嫁，将被视为不贞等等。

此外，民间还有很多不合时宜的观念、做法，也有加以净化、改良的必要。例如：看风水、择日、死后八小时以内不能入殓，以及出殡时安排电子音乐、花车、游街、哭墓等，不但浪费，而且有失庄严。

佛教对丧葬礼仪的看法，主张要建立正知正见，不但不虚荣、不铺张，尤其不能迷信。现在的人遇到丧葬事宜，大家竞以虚荣心处理，不但要做得比别人盛大，还要比别人热闹。其实，尊重死者的心愿，是最重要的，因为治丧无非是求得死者安、生者孝。再说，丧葬本来就是个人家里的事，何必劳师动众？当然更不必顾虑别人的看法，而讲究你有多少乐队，我有多少花车；庄严肃穆，更胜于吹吹打打。

记得多年前，邱创焕先生刚上任"内政部长"不久，适逢其尊翁去世。他一时感到很为难，丧礼办得太简单，怕亲朋好友批评自己不孝，身为"内政部长"，对父亲的后事办得如此草率；要隆重地举行，又因当时蒋经国'总统'正提倡"新生活运动"，凡事崇尚简朴。

当时我知道了邱先生的处境后，主动跟他说："这样好了，佛光山佛教学院的学生都是出家众，我带二百个出家人去替你父亲诵经，能有这么多和尚念经，在台湾史上也不曾有过。另一方面，这么做既不铺张，也不浪费，又能响应蒋经国总统的'新生活运动'，可谓一举两得。"果然，此事后来传诵一时，成为美谈。

其实，不一定需要二百个人诵经，两个人、三个人念，也是一样，甚至自己念就好了。自己父母的丧葬，由儿女做主，依自己的心意尽孝道、表哀思，最是妥当、切实。当然，一般人遇到家中有人往生，大部分的人都会手忙脚乱，不知如何是好，因为没有经验。所以，平时能有一个宗教信仰，这时候就会派上用场了。

◆生与死是人生两件大事，尤其依照民间习俗，人死后所要处理的事情可谓繁杂琐碎无比；相较之下，宗教的仪式，不管佛教或基督教，则显得无比的简单庄严，因此想请教大师，对于没有宗教信仰的人，如何说服他们用宗教的仪式来处理后事呢？

星云大师：宗教是苦难者的救星，有很多人尽管平时都说自己不信仰宗教，但是遇到急难的时候，脱口而出的第一句话常是"阿弥陀佛""观世音菩萨"，或是"上帝""耶稣"等，可见信仰宗教的重要。尤其一般人遇到家中有人往生，更是很自然地就会想要找个法师诵经，或是请求牧师祈祷，所以人只要有生死问题，就会需要宗教。

1999 年台湾发生"9·21"大地震，7.3 级的震灾造成中部地区灾情惨重，一下子死了两千多人。虽然各地很快就捐出许多棺木，光是佛光山便捐了四百具，但是很多人有了棺木，面对如何把往生的家人放进棺木里入殓，还是六神无主，茫然不知所措。因此，当时佛光山因应灾民的需要，除在第一时间紧急捐款及提供物质救济外，并有法师巡回各灾区，帮助往生者处理后事，以及举行超荐法会以慰亡灵，同时成立十四所"佛光园慈心站"，以佛法帮助生者重建心灵，走出震灾的阴霾。

人是有宗教需要的，人在苦难的时候很自然就会想要找一个宗教为依归。但问题是，有的人平时不觉得宗教的重要，总要等到有事才"临时抱佛脚"。或者有的人信仰不够坚定，一会儿信仰天主教，一下子又信佛教；再不然就是信得太复杂，这个寺庙、那个道场到处跑，结果到最后真正需要的时候，却发现"三个和尚没水喝"。

有这么一则笑话：有两个人在旅途中遇到强盗，其中一人平常信仰很多神明，当强盗挥刀过来时，膀子被砍断了；另外一人信仰观世音菩萨，也挨了一刀，但这一刀正好砍中挂在脖子上的佛像项链，佛像被砍弯了，人却毫发未伤，因此他很欢喜雀跃地说："感谢观世音菩萨保佑，让我没有受到任何伤害。"另外那个信仰多神的人捂住被砍的膀子，痛得直冒冷汗，并且愤怒地说："我身上带了那么多神像、符咒，为什么都不保佑我呢？"

这时，袋子里的许多神明说话了："对不起！当你遇难的时候，我们原本也很想来救你，可是在列位神明面前出来救你，是没有礼貌的事呀！因此，当你要受难时，我们互相让着：'玉皇大帝！请您去救他吧！'玉皇大帝客气地说：'城隍老爷！还是您去救吧！'城隍又客气地说：'妈祖娘娘！您去吧！'妈祖也说：'耶稣！您去吧！'正当大家推来推去不知请谁出来救你时，强盗的一刀已经砍了下来，咯嚓一声，你的膀子也就断了。"

虽然这只是一则笑话，但是却意味着信仰宗教要愈单纯愈好，而且要把信仰落实在生活里，才能获得信仰的利益。

自古以来，佛教受到社会的最大的扭曲与误解，就是把佛教当成是度死的宗教，一般人总在丧葬的时候才想到要采用佛教的礼仪；其实佛教对于结婚、生子、祝寿、乔迁等人生各种喜庆之事，都有一套很周全的人生礼仪。例如，婴儿弥月时，要到寺院中为子女取名；成年时，行成年礼，代表已能担当家计，负担社会责任；结婚时有佛化婚礼，接受法师的祈福祝祷。乃至佛像安座、新居落成、工厂开工、房屋迁移、破土奠基等，都可遵循佛教仪礼，请法师证明、洒净及说法。所以佛教仪礼的范围涵盖生老病死、婚丧喜庆，目的就是要让佛教徒在生活中都能有所依循，都能心存感恩，都能欢喜安详。就如西方社会，上至国王登基加冕，下至百姓从生到死，都会以宗教仪礼进行。

宗教信仰是发乎自然的精神力，一个人一生一世，吃饱了还有饿的时候；饿了再吃，什么困难都有法子容易解决。生活就算苦一点，也都还好；唯有宗教信仰，如果没有信仰，内心就会觉得苦闷、无助。人和宗教的关系，就如同人和饮食、金钱、男女一样，彼此是分不开的。因此，不管"生"时、"死"时，只要因缘成熟，人自然就会需要宗教。

◆**请问大师，家人去世后，亲属应该为亡者做些什么事，才是最有益于亡者的呢？是否一定要为他做七、放焰口、启建"三时系念"等佛事，才能帮助他投胎转世呢？请大师开示。**

星云大师：根据经典记载，人往生后四十九天之内，如果阳上眷属能为亡者诵经做佛事，仗此功德，能令亡者罪障消除，得生善道；如果亡者生前已多植善业，则可莲品增上。因此，佛教徒每于亲人往生后四十九天内，每逢七期举行超荐佛事，称为"做七"。

一般依斋主的时间、因缘而分，有的只做头七、满七；有的做头七、三七、五七、七七；有的则七个七全做。

做七虽然有超拔先人，表达孝思的深远意义，但因传统的做法费时耗财，实有改良的必要。例如：诵经佛事宜庄严不繁琐，最好以半小时、一小时即可，不一定要半天、一天；做七也不一定要施放焰口，或是"启建三时系念"等佛事，只是上香、拜佛也可以，家属应视能力、时间而为，不必勉强。

另外，七七日诵经是古老的传统，不一定照办，可变通为集合家人一次做完，即算圆满；或是在短期的三至七天内做完七七。甚至几十年来，我在佛光山一直推动"随堂超荐"，也就是在寺院佛堂里立一个牌位，利用早晚课诵时，随堂诵经超度即可。家人过世，为他念佛、诵经最好，而且不一定要出家法师念，亲朋好友彼此互相助念也很好。不过根据《地藏经》的说法：诵经的功德七分，亡者能够得到一分，而持诵的人可以得到六分。因此我们应该趁着自己身强体健的时候，储备一些功德资粮，不要等到无常来临，才劳驾别人为我们诵经超度，功德毕竟有限。

至于祖先亲朋去世了，我们为他诵经超荐有功效吗？能不能帮助他脱离轮回呢？诵经、超荐对亡者究竟有什么贡献呢？有几个譬喻可以知道诵经的功德利益：

（一）好比鲤跃龙门，身价百倍；诵经好像依仗达官显贵的亲戚，人人钦羡、人人仰戴。

（二）仿佛出门旅行的人需要携带身份证、护照一样；诵经的功德让我们方便往生诸佛国土。

（三）一块大石头放在水中，很快就会沉陷下去，如果把它摆在船上，可以安然地运载至彼岸；众生顽强如盘石的罪业之身，通过诵经功德的慈航普度，可免于在生死大海之中沉溺。

（四）一畦稻田里，如果长满了丰硕的稻禾，纵然有一两根莠草也起不了阻碍作用；诵经的功德可以使我们的善业禾苗增长，虽然有一些罪根埋在土里，但是不容易滋长。

所谓"万般带不去，唯有业随身"。人两手空空地来，又两手空空地去，世间上的一切财富名利、荣华富贵，在无常到来时，任谁也带不走，唯有所做的善恶业缘不离身。所以一般民间佛道混合、铺张的丧仪对亡者毫无意义；能够为亡者诵经念佛、布施行善、累积功德，才有益于亡者往生佛国净土。因此临命终时，身为佛教徒，都应该助亡者一臂之力，为其助念；如果能以亡者的名义成立奖学金或设立教育基金，乃至护持文化、慈善等公益事业，以此为亡者植福荐拔，更有意义。

◆目前社会上吹起一股购买"生前契约"，或是"预立遗嘱"的风潮，由自己在生前就把后事安排好，以便临终的时候能够心无牵挂地往生。请问大师，对此有何看法？

星云大师：人生在世，有很多事都不是自己所能预知或掌控的，尤其"生死无常"。但是，人虽然无法掌控生死，却能为自己的身后事预作安排，例如，有人希望土葬，有人想要火葬，有人喜欢海葬，有人向往空葬，甚至有人发大愿心，愿意死后把遗体提供给医学界作解剖研究之用。为了完成这项不能亲自完成，却又与自己最切身的最后一件大事，只好借着"预立遗嘱"来阐述心愿。

另外，因应现代人希望为自己身后事预作安排的需要，社会上也兴起了一种新兴行业，叫做"生前契约"。所谓"生前契约"，就是趁着自己健在的时候，由自己或家人预先与殡葬业者签订契约，事先购买好死亡时的丧葬仪式，为将来的死亡预作准备，替自己的身后事买好人生的最后一张保单。

"生前契约"其实是"生涯规划"的延伸，所谓"生死事大"，"生"的时候如何活得自在、活得充实、活得有意义，固然重要；"死"时能安心、放下，了无牵挂地走，也应该早作安排，预先规划，所以"生前契约"就像一张"安全卡"，可以求得心安，未尝不好。

其实，不管"生前契约"或"预立遗嘱"，人生的意义并不在于死后有人埋葬、送终就是圆满，人生应该要为社会留下贡献，为自己留下历史，为亲人留下怀念。人虽然有生老病死，但是真正的生命是永恒不死的。

◆**虽然"生前契约"已经渐成风潮，但是一般人还是忌讳谈死，由于不肯正视死后的问题，未能于生前预立遗嘱，把财产妥善处理，导致死后儿女为了争遗产而对簿公堂，反目成仇。请问大师，对预立遗漏及遗产有什么看法？能否提供一些意见给社会大众参考？**

星云大师：中国人向来有留遗产给子孙的观念，子孙也都希望祖先能留下一些遗产给他。善于利用遗产的儿女，遗产能增加家族的荣光；不善于利用遗产者，则遗产反而贻害子孙。所以现代人已渐渐懂得要留道德、学问、知识、技能，甚至留信仰给儿女，不一定要留土地、房屋、股票、存款等钱财给后代。

话说有一位富翁新居落成，大宴宾客时，他把建屋的瓦木泥工都请上座，自己的儿女却坐下座。有人觉得奇怪，就问富翁："你的儿孙才是主人，为何不让他们坐上座，反而让瓦木泥工坐上座呢？"富翁回答："因为瓦木泥工都是今日为我建屋的人，儿女子孙则是他日卖我房屋之人也。"富翁的话实在很值得深思、玩味。

另外，我们经常从报章杂志上看到，一些富有人家死后，儿女为了争遗产，丧葬后事都顾不得办理，只忙着打官司。因此，现在一些有远见的人，总在生前就把自己的遗产捐献给慈善机构或教育机构，不想留太多遗产给儿孙。也有很多企业家，愿把自己的公司、产业，传给贤能的工作伙伴，并不一定非要留给有血缘亲属关系的人来继承。甚至丹麦有一名 83 岁的老太太，死后遗嘱指定要把她的 60200 美元遗产交由哥本哈根动物园的 6 只非洲大猩猩继承。

其实，遗产不一定是指有形、有相、有价、有限的金银财宝、土地房屋；遗产也不一定都要留给子孙。有的子孙不肖，为了争夺遗产，祸起萧墙，反失前人的苦心；不如把遗产捐给社会公益单位，无形中也把自己的慈悲、智慧留传后世，造福人群，更能发挥遗产的价值。

一般佛教信徒，在生的时候都懂得要行善布施，但是临终时，总把遗产留给子孙；儿孙自有儿孙福，西方人大都把遗产捐给社会，捐给自己信仰的宗教。因为子孙不一定会善用父母的遗产，不一定能光大父母的遗德；而宗教必定能把圣财用之于社会，用之于众生。所以，当我们能把留给家族的遗产，扩大为留给社会、留给大众；能够扩大遗产的价值，那就是人类的进步了。

另外，预立遗嘱固然重要，如果凡事能在适当的时间及早安排、处理，就能减少很多纷争。只是有人认为预立遗嘱会触霉头，是不吉祥的事，因此生前不肯预立遗嘱，最后造成子孙为了遗产而展开争夺战。其实对佛教徒而言，《佛遗教经》就是佛陀的遗嘱；连佛陀都预立遗嘱，因此佛教徒应该打破迷信，破除禁忌，早立遗嘱，以免引生纷争。

◆现在很多医院都设有"安宁病房"，专门为癌末或重症患者提供"临终关怀"的服务。请问大师，佛教对"临终关怀"有些什么看法与做法？请大师开示。

星云大师：死，是人生的一件大事。佛教认为，生、老、病、死，人之常情，死并非生命的结束，只是另一场轮回的开始，因此"临终"是"升""沉"最重要的关头，是决定"往生"最宝贵而且具有决定性的一刻。

过去一般人因为很少能坦然面对死亡，因此往往忽略了"临终关怀"的重要。直到 20 世纪中叶，由于医学及人文思想发达，现代人终于意识到，生命的关怀应该从出生到死亡、从身体到心灵，因此有"安宁病房"的兴起，并且将"临终关怀"当成一项生命课题来研究、讨论与推广。

"临终关怀"并不是消极地等死，而是积极地拔济饶益，通过对死亡的认识，让人从对死亡的恐惧中解脱出来，坦然面对死亡。

根据《佛说无常经》说："有三种法，于诸世间，是不可爱，是不光泽，是不可念，是不称意。何者为三？谓老、病、死……若苾刍、苾刍尼，若邬波索迦、邬波斯迦，若见有人将欲命终，身心苦痛，应起慈心，拔济饶益。"并且经中具体提出了照顾临终病人应该注意的事项，包括：

（一）注意环境的整齐清净、光线的柔和、空气的流通。

（二）供养佛像，使病人观相而生善念。

（三）为病人宣说阿弥陀佛的慈心悲愿及西方极乐净土的种种庄严，使病人生起乐生佛土之心。

（四）引导病人念佛，其余探病者亦应为彼病人称念佛号，声声不绝；病人命渐欲终，即见化佛、菩萨执持香花接引，心生欢喜，必无退堕恶道之苦。

（五）若命终后，眷属应上哀，不宜大声哭泣，当取亡者新好衣服及随身受用之物布施，乃至礼请法师或自行诵经，以此功德回向亡者往生善道。

另外，姚秦鸠摩罗什大师说，外国习俗中，一个人从出生至临命终时，所做的善事平时都要一一记录下来，等到往生前，由家属为其讲说一生的功德，使亡者仰仗行善的福德，生起欢喜心，而不恐惧死亡。

由此可见，佛教早就注意到"安宁照顾"与"临终关怀"的重要。佛教虽然讲"生死一如"，目的是要我们看淡生死，进而勘破无常；但是在大限将至之际，如何让病者身心安乐，无苦而终，才是最实际的做法。当然，生命不是临终的时候才需要关怀，生的时候就要给予照顾。甚至临终关怀也不是只对临终的病人所做的医疗照护，而是对广大社会大众施以一种广义的死亡教育，让人正视生死问题，而不是一味地逃避不谈。因为有生必然有死，死前的临终一刻是每一个人必然要面临的。既然人人都或早或迟要步入不同性质的临终期，就应该早作准备，包括心理与生理上的准备。

甚至即使说"临终关怀"是针对即将死亡的病人所做的关怀，也不应该只是在安葬遗体、处理完后事就算结束，而是应该对他的精神事业，以及后代子孙继续给予应有的帮助，让他能"死得安心""死得瞑目"。所以"临终关怀"不在于关怀生命活得多长，也不只是关怀死时的情况或死后的安葬问题，应该关心的是死后的去处、死后的安心，才是临终关怀的真正意义所在。

佛教对民间信仰的看法

星云大师说："信仰是一种出乎本性，发乎自然的精神力。"大师认为自有人类历史以来，就有宗教信仰，而且可以说世界上各个种族皆有其特殊的民俗信仰，从信仰中亦可一窥各民族的风俗民情、文化背景以及历史演进等。

大师以中国为例指出："最早民智未开的时代，人们对大自然不了解，并且充满了神秘感和恐惧感，以为大自然的一切现象都各有神明主宰其事，因此有了所谓的山神、雷神、电神、风神、雨神、河神、树神等，这是由于人们对自然界不了解，因而产生敬畏自然的'自然宗教'。此后民智渐开，英雄人物不断出现，于是崇拜自然的宗教就渐渐进化为崇拜英雄的宗教，譬如：关云长赤胆忠义、岳武穆精忠报国，值得人们效法学习，因此大家就把他们当神明来拜；郑成功率领军队退守台湾，并移来福建、广东两省的人民，大家就建庙奉祀他；妈祖林默娘对渔民救苦救难，因此被奉为海上的守护神，这些英雄人物因为各有功勋，因此被奉为神明崇拜。"

崇奉神明，这是中国民间信仰的特色之一，也因此常被一些知识分子讥为迷信。不过星云大师认为，"迷信"虽然不如"正信"好，但是总比"不信"好，更比"邪信"好。他说："信仰当然以'正信'最好，不能正信时，'迷信'至少还有个信仰；连迷信都没有的人，是空无所有，最为贫乏。"他举例说："我们经常可以看到一些老公公、老婆婆跪在神明前面，虔诚地礼拜着。虽然他们不懂高深的哲理，他们的信仰被批评为'迷信'，但是他们的信心好纯洁，好高尚！"因此对于过去台湾当局大力取缔民间拜拜崇拜，大师主张应以"改良"代替"取缔"。

星云大师一生倡导"尊重与包容"，尤其对于宗教信仰，他自己本身从来不曾因苦或难而动摇过对佛教的坚定信仰，但是他主张对其他宗教应该尊重包容、交流往来，甚至对于具有"迷信"色彩的民间信仰，都能从"净化""提升"的立场给予定位。

以下是 2001 年 10 月 6 日，大师在佛光山如来殿大会堂与一千多名信众座谈，针对"佛教对'民间信仰'的看法"所提出的精辟见解。

◆**有人说："人是宗教的动物。"大师也曾说过："人只要有生死问题，就不能没有宗教信仰。"请问大师，信仰的真义是什么？人为何要有信仰？**

星云大师：人生在世，找一个安身立命的地方很重要。例如，工作的人，经过了一天的辛苦，总要回到舒适的家中休息；倦飞的鸟，经过了一天的觅食，也知道飞回巢中安栖。读书的人，把身心安住在书本上面；做事业的人，把身心安顿在事业的发展上；而那竟日游手好闲、无所事事的人，就无处安住身心了，因此寻找身心的安止处，是刻不容缓的事！

信仰能使身心安住，信仰能够影响一个人的生活态度；没有信仰，生活便没有立场而失去意义。我们要使生活内容更充实、更美化，信仰是一个很大的因素。譬如有的人一生省吃俭用，辛苦赚得的金钱，本身舍不得花用，借给别人，他却被倒闭了。这时如果是没有信仰的人，一定苦恼万分，甚至想不开寻短见。但是一个有信仰的人就能看得开，他会当作是自己前世亏欠于人，今生有能力偿还正好；能够抱持"还债"想，心中就能淡然而不再忧虑。有的人被人冤枉，受了欺侮，心中难免感到委屈，甚至愤恨不平；但是有信仰的人，他"难忍能忍"，认为一切都是修持忍辱行所应该遭遇的，自然不会生起嗔恨心。

信仰，使我们懂得委曲求全，在生活里不会因为一点小挫折就感到没有办法，如此自能美化生活。有信仰的人，对于困难、折磨，认为这是庄严人生的必备要件，因此能把困难、挫折化为迈向成功的砥石！有信仰的人，常常会想："我现在虔诚地拜佛、念佛，广修一切功德，将来就可以到佛国净土。"由信仰而激发善行，不仅美化现世的生活，对未来更充满美好的憧憬，所以信仰能让生活变得有意义，让人生充满了生机！信仰并不一定是指信仰宗教，有的人信仰某一种思想或某一种学说，有的人信仰某一种主义，例如社会主义及共产主义国家即是信仰马列思想而建立，这些思想对 19 世纪和 20 世纪的人类历史都发生了重大的影响。甚至有的人崇拜某一个人，人也可以成为信仰的对象。

人只要有生死问题，就一定要信仰宗教。宗教如光明，人不能缺少光明；宗教如水，人不能离开水而生活。人类从远古时代民智未开之时，就对大自然产生信仰，接着从信仰神权、君权，到现在的民权、人权，甚至即将到来的生权等，可以说，人类自有文明开始，除了追求物质生活的满足以外，精神生活的提升、信仰生活的追求，更是无日或缺，因此，人可以说是需要宗教的。

谈到宗教信仰，在泰国有一种习俗，女孩子选择对象结婚时，要先了解对方有没有当过和尚，当过了和尚，表示此人已受过宗教纯善的熏习，严格的生活训练，有了宗教的信仰，才能嫁给他；如果没有当过和尚，没有佛教信仰，表示此人缺乏人生目标，不能轻易托付终身。

宗教信仰，有时不但成为衡量一个人人品的准则，甚至也可以改变一个人的命运。有了信仰，好比航海中有了目标，旅程上有了方向，做事有了准则，就可以一往直前，迅速到达目的地，减少不必要的摸索。所以，信仰的力量如同马达，是我们向前迈进的动源。

但是信仰宗教也要注意慎重选择，否则一旦信错了邪教外道，正如一个人错喝了毒药，等到药效发作，则生命危矣！所以"邪信"不如"不信"；"不信"则不如"迷信"。迷信只是因为一时不了解，但至少他有善恶因果观念，懂得去恶向善；不信的人，则如一个人不用大脑思考，不肯张开眼睛看世界，那么永远也没有机会认识这个世界。

当然，信仰宗教最终是以"正信"最好！所谓正信，就是要相信善恶因果必定有报应，要相信世间绝对有圣贤好坏，要相信人生必定有过去、现在、未来，要相信世间一切都是因缘和合所生起。尤其佛教的中道缘起、因果业报、生死涅槃等教义，可以帮助我们解答人生的迷惑，所以值得信仰。

信仰佛教，也有层次上的不同，例如有人"信人不信法"，有人"信寺不信教"，有人"信情不信道"，有人"信神不信佛"等。甚至即以信仰佛教的教义而言，本身也有层次的不同，例如凡夫的般若是正见，二乘人的般若是缘起，菩萨的般若是空；唯有佛，才能真正证悟般若，所以般若是佛的境界。

其实般若也是人人本具的真如佛性，学佛主要的目的，就是要开发真如佛性，所以信仰佛教，要从求佛、信佛、拜佛，进而学佛、行佛、做佛；唯有自己做佛，才是信仰的最高层次。

信仰是人生终极的追求，信仰能使生命找到依靠；人必须要有个信仰才有中心，有信仰才有目标，有信仰才有力量。在各种信仰中，正信的宗教给人的力量最大，尤其一旦对佛教的真理产生了信仰，则面对人生一切的横逆、迫害，不但不以为苦，并且能甘之如饴地接受。信仰真理的力量，使我们有更大的勇气，面对致命的打击；使我们有宽宏的心量，包容人世的不平，继而拓展出截然不同的命运，因此人不能没有宗教信仰。

◆过去一般人总是"佛道不分"，乃至把民间信仰当成是佛教。请问大师，什么是民间信仰？民间信仰与佛教信仰最大的不同是什么？

星云大师：所谓"民间信仰"，指的是一种地方性的信仰，并没有成为国际性的宗教。民间信仰是一种传说，既没有历史根据，也没有教理、思想，只是对于英雄人物的崇拜，对于侠义人士的尊重，对于大自然的敬畏，都成为民间的信仰。

民间信仰起源于知识未开化的时代，人们对于自然界的刮风、下雨、打雷、闪电等现象无比的敬畏，害怕随时会危及生命财产，因此举凡雷公、雷母、风伯、雨姐都成为膜拜的对象，乃至大树、石头都成为神祇，因此产生自然精灵崇拜的宗教。

随着时代的递移，由自然界的信仰，进而走向以民族英雄为崇拜对象的宗教。譬如关云长忠义可佩，遂和孔子并列为文武二圣，成为儒家精神的象征。岳武穆精忠爱国可敬，到处建有岳王庙，受到万民的景仰。郑成功开垦台湾、妈祖救济苦难，都成为老百姓心目中伟大的神明以致香火不绝。乃至《封神榜》《西游记》等神异小说中如李哪吒、孙行者等子虚乌有的人物，也为民间所膜拜不疑。

民间信仰所崇奉的神明很多，诸如观音、弥勒、土地公、玉皇大帝、王母娘娘、三山大帝、南北斗君星、灶君、七星娘娘、城隍、女娲、碧霞元君、太白真仙、李老君、南北星君等。从古以来，民间的信仰一直是三教九流、神佛不分，甚至充满道教的色彩。例如扶乩、跳童、求签、卜卦、掷筊、拜斗、看相、算命、建醮、灵异等，都与道教密不可分，所以一般人总把民间信仰归于道教，这也是"佛道不分"的主要原因之一。

其实不只是民间信仰，最早的宗教基本上就是起源于人类对自然力量的不可知，以及对未来的无知与惧怕。也就是说，当自然界的变化破坏了人们平静的生活时，追求一个高于此力量的人格化的"神"，就成为必然的趋势。这个"神"依民族、习性、地区的不同，有不同的解释与呈现。自然环境变化剧烈的地方，崇拜日月星辰、风雨雷电；在崇山峻岭中，就崇拜动物、植物；一般民族则对祖先有纪念、祈福的感恩仪式。不论崇拜的对象为何，他们的共同点是相信所崇拜的对象具有神秘超人的力量，借由祷告、祭祀就可以免遭祸害。但是随着民智开发，现在的宗教信仰已从对自然的畏惧、对英雄的崇拜，进而走向对真理的信仰。具有真理性格的佛教早已从对自然图腾的崇拜、英雄式的神权信仰，走向净化身心、提升生命的层次。现代化的佛教，也不再像过去知识低落的时代，迷信怪诞，以神奇诱导民众，而是积极地将人心导引至正信真理的领域。这就是佛光山所弘扬的人间佛教。

所谓"人间佛教"，凡是佛说的、人要的、净化的、善美的，都是人间佛教。人间佛教的佛陀降诞人间，主要是为了示教利喜；佛陀并不是来无影去无踪的神仙，而是一位慈悲、仁义、道德的觉悟者。一般人信仰神明是希望神明保佑他们发财致富、功成名就、所求如愿等，而佛教讲究待人慈悲，讲究喜舍布施，讲究牺牲奉献，讲究广结善缘。可见信仰神明，养成贪心，造成心灵贫乏，佛教则能给人带来心灵上的富贵与满足。

再者，信仰最终的目的，是要指引我们人生的方向，帮助我们解脱生死烦恼。信仰神祇并不能帮助我们解脱生死，也不能提升我们做人的智慧、道德、勇气，所以我们应该提升信仰，从有所求的神祇信仰升华为菩萨道的实践，从慈悲喜舍，为人服务中，开发自己的佛性，进而解脱生死烦恼，这才是真理的宗教。

因此，若问民间信仰与佛教有什么不同？一般说来，民间信仰都是对神明有所要求，求发财富贵、求长寿百岁、求家人平安、求子嗣等；但佛教都是布施，都是喜舍给人，所谓"但为众生得离苦，不为自己求安乐"。当然，佛教也不是完全无所求，只是佛教所求的都是国泰民安，全民安乐，都是为大众而求。

不过，不可讳言，过去的佛教偏重出世思想的阐扬，因此与人生脱节。基本上宗教的发展要迎合人心所需，只强调出世、解脱的教义，必定曲高和寡，难以度众。能够迎合人心的佛教，才是人间需要的佛教。人间佛教具有时代性、生活性、普济性、利他性、喜乐性等特色，它一面包容民间的宗教，一面弘扬佛法的真理，所以人间佛教是 21 世纪引领人类走向未来的指标。

总之，人必须要体证真理，才有力量面对人生的横逆，才有智慧通往生命真实的世界。力量与智慧其实是来自自己，来自自性的开发，所以佛陀曾经教诫弟子要"自依止，法依止，莫异依止"。这就是信仰佛教与民间信仰，乃至与其他宗教最大的不同。

◆**谈到民间信仰，一般人容易把它跟迷信画上等号，请问大师，民间信仰是迷信吗？佛教对"迷信"的看法如何？**

星云大师：刚才说过，中国传统的民间信仰，起初是缘自对大自然现象的不了解而产生敬畏的膜拜，或对特殊贡献者产生英雄式的推崇。例如上古时期崇拜的自然神很多，大致有三类：一即天体崇拜，主要对象为日月，其中以日神为首。二为自然力的崇拜，主要有风、雨、雷等，都具有至高无上的灵性，能主宰人类的命运。三为自然物的崇拜，居于沿海者多敬海神，住于河谷者多拜河神，处于山林间者多信树神、山神。基本上，人们都将与自己生活有密切关系的自然作为崇拜的对象。此外，星神、云神、湖神、潮神、井神、木神、火神、土神、石神、蚕神等，也都是人们崇奉的对象。再者，上古时期也塑造了许多征服自然的英雄，其中最为著名的如渔猎之神伏羲、火神祝融、农神神农和后稷、蚕神嫘祖、治水英雄鲧和禹、射箭英雄后羿等。

原始时期崇拜的英雄，以与生活有关的为主。此外，其他各行各业也都有一定的崇拜对象，如军人以关云长为战神，医师奉孙思邈为药神，制笔业以蒙恬为笔神，茶行将陆羽当成茶神等，并且都有一定的祭祀和礼仪，也都是民间信仰的对象。

有的人一提到宗教，就联想到"迷信"，特别是对敬天畏神的民间信仰，总认为那是愚夫愚妇的迷信行径。在我看来，民间宗教信仰根植于传统的敬拜天地的信仰文化，用礼义仁爱来维系人伦纲常，以善恶报应的思想建构祥和族群，其本质是善美的。只是由于现代人过于追求物质的满足，迷信神通能够改变一切祸福命运，于是有不肖之徒假神明附身之名，借机敛财骗色，更是玷污了神圣的宗教信仰。

其实，民间宗教膜拜神明的信仰，以"举头三尺有神明"的观念自我规范，对维持井然有序的社会有一定的帮助，因此也不应将民间信仰界定在愚夫愚妇的迷信范畴里，而对它有所鄙视。再说，迷信固然不可宣扬助长，但是有时迷信却比不信好。迷信其实是对自己所信仰的对象不计利害得失、全心全意地信奉。譬如军人为国家牺牲，为卫民而献出生命，为什么要为国家、为人民而牺牲奉献呢？因为对自己保家卫国的使命产生一种不问任何原因、不计较任何条件的绝对信仰，也就是"迷信"的情操，因此可以不顾一切牺牲，献出所有，故而迷信不一定不好，如果善于运用，何尝不是维系社会伦理道德的一股力量，何尝不也是推动国家进步的能源！

过去有一位老太婆信佛虔诚，没有受过教育，不会看经，因此持诵"唵嘛呢叭弥吽"，并且每诵一句，就拿一颗豆子来计数，昼夜不断，精进不已。由于她不认识字，把"吽"字误念成"牛"字，虽然如此，时日久了，精诚所至，竟然念到豆子自动跳起来的境界。

从这则故事可以明了，当一个人对一件事产生无比的信心，专注前往，毫不退缩，自然能产生巨大的力量，完成目标。正如古人说：吾心信其可行，则移山倒海如反掌折枝之易。因此对宗教、真理、正义产生盘石不移的"迷信"，不足忧惧，需担心的是什么都不信。精神没有寄托的地方，心灵没有安住的场所，心田中毫无善恶是非的种子，才是令人忧心的事！另外，比迷信、不信更糟糕的是邪信，也就是不分是非善恶、邪知邪见的信仰。譬如不信因果，就是邪见；有断灭见，就是邪见；乃至我见、边见、见取见、戒禁取见等，都是邪见。

佛教是一个驱邪显正的宗教，佛教不否认民间信仰，只是加以导正、定位。例如在《六方礼经》中，佛陀对于日日礼拜六方的善生童子开示说："方位不是在虚空中，而是在我们的心中，我们要礼拜的六方是：父母为东方，师长为南方，夫妻为西方，亲朋为北方，僮仆为下方，沙门为上方。"意思是身为一个佛教徒，不要迷信时辰、地理，所谓"日日是好日，处处是好地"，只要自觉心安，东西南北都好。

再如过去一般民间的习俗，每逢神明诞辰总要大肆拜拜，每次拜拜则人山人海，杀猪宰羊，大吃流水席，台湾当局曾经大力反对，加以取缔；然而站在佛教的立场，我并不赞成取缔拜拜，我认为应该改良拜拜，以清香四果代替杀猪宰羊，提升民间活动的层次，让其自然改良、净化。因为刚才说过，信仰能够正信当然最好，不能正信时，迷信也不错，迷信至少还有信仰。所以我自己认为，信仰神祇虽然是迷信，但迷信总比不信好，迷信至少可以填补人类心灵的空虚，甚至建立因果观念，发挥奖善惩恶的功能，总比不信或邪信好。

这么说，也许大家会以为我对迷信的行为表示赞同，其实我只是想表明迷信虽然不值得极力宣扬，但是总比完全没有信仰要好。不过迷信由于不明宗教净化人心、提升生命的道理，所以终究不是十全十美的境界。尤其迷信有时也会带给我们极大的束缚，譬如有的人盖房子要看风水、八卦，乔迁时还要算时辰，如果不如此，恐怕祸及子孙、冒犯祖先。其实依照佛教的看法，日日是好日，处处是好地，算命、看地理无非是我们自找的一些束缚而已，所以信仰最终是以"正信"最好！所谓正信的宗教，必须：

（一）信仰具有历史考据的。例如佛教教主释迦牟尼佛，历史上明确记载着他的父母、家族、出生地、诞生的日期，乃至他出家、修行、成道的过程。

（二）信仰世界公众承认的。例如佛教是举世公认的四大宗教之一。

（三）信仰人格道德完美的。例如佛陀是具足智德、断德、恩德，是功行圆满的觉者。

（四）信仰能力威势具备的。例如佛教的三法印、四圣谛、八正道等教义，及因果、业力、缘起等，都是颠扑不破的真理，可以引导我们转迷成悟，离苦得乐。

所以，我们应从迷信中挣脱出来，培养正信，开拓自己的生命，这才是正确的信仰之道。

◆佛教有很多的佛菩萨，以及各种的护法神祇，如天龙八部、伽蓝、韦驮、帝释天等，请问大师，佛教的护法神跟民间信仰的神祇一样吗？佛教对神祇信仰的看法如何？

星云大师：中国是一个热爱鬼神仙狐的民族，在历代文学作品中，诸多以神话人物来反映现实或讽喻现实的创作，如《神仙传》《搜神记》《太平广记》《世说新语》《聊斋》等，不但在民间流传甚广，成为大家茶余饭后闲谈论说的故事体裁，而且发挥潜移默化的劝善功能，使得中国人千百年来根深蒂固地相信"举头三尺有神明"，此与佛教"善有善报，恶有恶报"的因果观念，同样具有维系社会道德于不坠的功能，并且发展成为中国民间极为特殊的神祇信仰。

神祇信仰虽然常被讥为迷信，不过刚才说过，迷信也有迷信的力量，有些迷信只是基于行业的规矩，尊崇那个行业里最有成就、最崇高圣洁的一个人物，把他神化成为人格神，成为自己的榜样。例如：医界崇奉华佗、药师崇祀神农、缝衣者祀嫘祖、造纸业奉蔡伦、建筑业尊有巢氏、书画界奉吴道子、旅馆业尊刘备、饭馆祀灶王爷、豆腐店祭刘安、皮鞋店敬孙膑、做爆竹的奉马均、商人奉关公、木匠都崇鲁班、银行业奉赵玄坛为财神等。这种精神崇拜，意在提升自己，而非装神弄鬼，自然有其可取的价值和力量。

对神祇的信仰，另有一种是建筑在有所求、有所得之上。台湾社会上有许多大帝、王爷、二妈、三妈，乃至树头公、狐仙等神明，普遍受到膜拜，主要就是信徒可以向那些神明多所要求，譬如求财富、求健康、求功名、求子嗣、求平安等。所求是否能够如愿，姑且不谈，但是至少心里获得了满足，因此容易为人所信仰。

多神信仰其实也与政治有关，因为在现实生活中，人民的希望要求，政治无法给予寄托与满足，所以转而寻求宗教信仰，民间信仰于是出现。例如：为求发财，拜财神爷；为求民生安乐，拜城隍爷；希望有好婚姻，求助月下老人；希望有子嗣，求助送子娘娘等。

如果将中国民间信仰的神明组织起来，其实就像人间的政府制度。例如：拜文昌帝君是为求儿女聪明，文昌帝君就像教育部长；拜妈祖的人，大部分是靠海捕鱼维生，用现在的说法，妈祖等于交通部长；东岳大帝主持阴阳审判，主持刑罚，岂不和现在的司法部长一样？

其他还有：玉皇大帝如总统，城隍爷如县长，神农大帝如农业部长，太子爷是警察局长，瘟神是卫生署长，土地公是派出所主管，月下老人是婚姻介绍所所长，注生娘娘是助产士。此外，三官大帝的天官管赐福、地官管赦罪、水官管解厄，像福利部长；玄天上帝、北斗星君专司人寿保险，像保险公司董事长；关帝圣君主财，属财政部长；保生大帝像中医师公会理事长；五雷元帅好像台湾电力公司的总经理等。

由此可见，信仰神明主要是缘于对未可知的自然现象不了解，或是在政治上不能获得满足，或因自己力有未逮，不能解决现实生活中的问题，于是便希望借着另一种伟大的力量来化厄解困，因此，信仰神祇其实也含有一种超越现实的希望与期待。

佛教并不排斥民间信仰，因为有很多神明其实也都信仰佛教。过去佛光山就经常有神明到大雄宝殿拜佛，甚至历史上有很多神明都皈依三宝，与佛教有很深的渊源，例如吕洞宾皈依黄龙禅师、关云长皈依智者大师、妈祖是观音的弟子等。

在佛教的经典里其实也有各种神祇之说，如《地藏经》第七品所说"有千万亿那由他阎浮鬼神，悉发无量菩提之心"。其他经典里也列举许多闻法的天龙八部等众。不过佛教不以神祇为信仰、皈依的对象，因为神祇也是六道众生之一，仍难免五衰相现，轮回生死，因此信仰神祇并非究竟解脱之道。

有人问：正信佛教徒皈依三宝以后，是否可以拜神明呢？在我认为，拜拜可以，但不可以皈依。拜拜是一时的，是表示尊重；皈依是一生的，信仰是永久的。一个正信的佛教徒要依止下面四点：

（一）依法不依人。

（二）依智不依识。

（三）依义不依语。

（四）依了义不依不了义。

真正的信仰，其实是相信自己！不过人是很可悲悯的，遇到一点点委屈，一点点打击，就会彷徨失措、恐慌害怕，自己无力化解，于是向外求助。有时求人，有时求权贵，有时求神明。虽然有些神明如同政治上的官员一样，偶尔也会帮助我们，但毕竟不是正本清源的正理。如同靠山山倒，靠人人老；有了灾厄，不去逢凶化吉，自求多福，反而靠吃香灰、戴符咒化解，这就变成信仰的疾病了。

所以，佛教主张，凡事不问神明，要问自己，因为自己的行为才能决定自己的未来。唯有自己才是自己命运的创造者，而不是有一个神明可以主宰我们的命运。因此，信仰佛教可以让我们从神权中解脱出来，回复心灵自由，从而建立对自我的信心。

◆**如前所说，佛教有很多的护法神，如此说来，是否意味着佛教也是信仰多神教的宗教？**

星云大师：世界上大部分的宗教都是以神为信仰对象，民间信仰甚至有许多是信鬼的。然而信仰不一定立足于崇拜神祇之上，因此，就有所谓"有神信仰"与"无神信仰"之分，而"有神信仰"依对象的不同，又概分为"多神"及"一神"。

有神信仰者相信宇宙间有神的存在，神不但具有人格化的特质，能力更远超乎人类。相对于有神信仰而言，无神论者不承认一切神性，或否认有一主宰的至上神存在。

有神信仰中的多神信仰是古老的宗教模式，将大自然一切不可知者皆附归于神灵，按其职司而有区别，个人依其需要，膜拜不同的神。当中有以自然分类的自然神，有以民间求助的政治神、财政神，或有将对英雄、祖先的崇拜亦归于神类，如各地的原始宗教，以及希腊、罗马、印度、埃及等地，都是多神信仰的代表。

一神信仰则源于多神信仰，是凝聚众神的圣德及能力于一神，坚信该独特而唯一的"真神"创造了宇宙万物，并主宰宇宙的运行，而真神的存在却非宇宙的一部分，人们可以通过祈祷来得到援助。犹太教、耶稣教及伊斯兰教都属"一神论"的信仰。在一神论中，人是信仰者，神是被信仰者；人是崇拜者，神是被崇拜者。神，具有神性——"全知、全能"的特质。人类通过自己的想象力，不只是创造了唯一的真神，也衍生多神的庞大体系，成为人类的决定者与保护者。

佛教并未否认神鬼的存在，佛教承认神祇的世界，但佛教以为业力自受，有因有果，人不应该由神所控制，自己才是真正决定祸福的主宰。佛教承认宇宙间有精神和神性的存在，六道众生中，"天道"即是所谓的神道。依佛教的宇宙观，这些神也是众生之一，不具有绝对的权力与主宰能力。六道众生要经过艰苦的修行而超脱轮回，达到罗汉或菩萨的境界，才能不再受生死的束缚，进一步成就佛果。

因此，佛教虽然承认民间神祇之说，但不以神祇为信仰或皈依的对象。佛教的前提是以"人"为本，非以"神"为主，佛教的佛菩萨都是人，不是神，与一神教的一神至上截然不同。佛教并不一味叫人信仰，佛教的信仰是要我们建立在理智上，因此佛教很注重慧解。佛教与其他宗教最大的不同点，在于佛陀的教法以修心和见性为上，主张"心""性"才是自己的主人，与其消极地祭祀祈福来寄托心灵，不如积极开拓心灵世界，明心见性，更为究竟，这也是佛教能超越一神、多神及无神论的真义所在。

◆**请问大师，如何区分佛像与神像？两者有什么不同？再者，如何简易地分别佛教与道教？请大师开示。**

星云大师：前面说过，过去一般人总是佛道不分，最明显的例子是：佛教的僧众驻锡以修行办道，同时提供在家信徒听经闻法、亲近三宝、参与宗教活动的处所，一般称之为"佛寺"或"寺院"；但也有称为"寺庙"者，庙与宫、观、殿、坛同为道教的修行场所。"寺"与"庙"并称，可见中国"佛道不分"的"民间信仰"根深蒂固。民间信仰不但佛道不分，而且神佛同时供奉，在很多的妈祖庙都供有观世音菩萨。一般家庭，尤其是经商的店家，也往往把弥勒佛当财神爷供奉。

说到弥勒佛，在一般佛教寺院的山门入口，大都供奉着笑脸迎人的弥勒佛；入了山门，迎面的是一位威武凛然、手执金刚降魔杵的将军，就是韦驮天将，也就是佛教的护法神。这表示在佛门里，慈悲的摄受与力的折服同等重要，所以佛教有谓"菩萨低眉，金刚怒目"，这句话基本上已经点出佛像与神像的不同了。

一般佛教的佛菩萨圣像大都是眼帘微敛、面露慈光地"俯视众生"，显示出佛教"慈悲"的特质。反之，一般的神像大都浓眉上扬、双眼圆睁，表现出威武逼人、刚毅不拔的神气。

有一则故事说，一天，有一个工匠在路上遇到一个久未见面的老朋友。朋友非常讶异地问他："你现在的相貌怎么这么难看，好凶恶哦！你要保重呀！"这个人被朋友这么一问，忽然想到自己最近正在制作夜叉、罗刹的面具，每天心里想的都是凶恶、生气、青面獠牙的样子，大概是相由心生，因此面孔就慢慢变成罗刹的凶恶相了。他觉得这个职业实在太可怕了，于是就改塑佛像。经过一段时间后，有一天又跟那位老朋友在路上碰面了。朋友一看："咦！你现在的样子怎么不一样了？好慈悲、好祥和哦！"工匠于是告诉朋友，我现在已经改为雕刻佛像，每天都是观想佛像的慈悲、庄严，所以大概因此而改变了面相。

佛教是一个重视慈悲、威仪的宗教，佛经有谓"三祇修福慧，百劫修相好"。成就佛果之前，首须成就"三十二相、八十种好"，甚至"三千威仪""一袭袈裟"都可以度众。所以佛像的雕塑很重视"相好庄严"与慈悲的流露。而一般神像则为了发挥"举头三尺有神明"的警世效果，大都以凛然不可侵犯之姿呈现。

另外，要区分佛像与神像的不同，还可以从手势、器物、服饰上来分别。佛菩萨的手势一般有结印与放光接引等各种姿态，有的则手执莲花、净瓶、摩尼宝珠等，代表清净、光明、善美。神像一般都是仗剑执铜，或手执长枪、金刚杵等武器，代表善恶分明、替天行道。佛教的佛像大都是身金色，朴实无华，相好庄严而无胡须，象征佛教是一个充满年轻活力的宗教。道教的神像则披衣挂袍，穿金戴银，长髯飘飘，表示修炼有成，道行高深。

至于说到佛教与道教到底有哪些不同？佛教的僧尼剃尽三千烦恼发丝，身着"粪扫衣"，脚穿罗汉鞋，三衣一钵，生活严谨简朴。道教的道士不修边幅、长髯长发，其服饰在晋以前无定制，至南朝刘宋陆修静，道服才开始制度化，有一定规格。如《仙鉴》里说："立道士衣服之号，月披星巾，霓裳霞袖，十绝灵幡，于此着矣。"又道教法服有品第次序凡五等，以区别贵贱，不同仪式着不同道服，也有定制。现今道教服饰有褂、袍、戒衣、法衣、花衣、冠巾等，亦可见其抱朴守素的风格。

佛教僧尼居住的地方称为寺院、精舍、讲堂等，日常所使用的法器有钟、磬、木鱼、铛铪、铙钹等。道士们修行的场所称为宫、观或庙，他们所用的法器中，宝剑和镜鉴是除邪禳灾的重要法宝。镜鉴有所谓三元宝照，即天照、地照、人照三种金属镜鉴，有固定的尺寸，须依法铸造。

佛教讲三法印、四圣谛、十二因缘、六度万行，是既出世又入世的宗教。道教则以神仙信仰为中心，追求"长生不死"和"养生成神"，故重视炼丹、养气、五行八卦、符咒之术，是出世的天乘宗教。

道教是中国的传统宗教，佛教虽然是传自印度，但因佛教很有融和性，传到中国以后很快就与中华文化相融合，所以能在中国生根，甚至成为中国信仰的主流。

不过，在佛教传入中土之初，佛、道之间经常互相较劲，时有冲突。佛、道之争最早见于东汉，僧人迦摄摩腾与诸道士论难；继而三国时代，曹植作《辩道论》批难神仙说之诈妄。西晋时，帛远与道士王浮间亦有佛道之争，王浮乃作《老子化胡经》，为后世论诤重要材料。

然佛道争论进入白热化则在南北朝以后，北魏太武帝时寇谦之开创新天师道，并使之国教化，确立道教之宗教教团；南朝刘宋之、陆修静、萧梁之、陶弘景对教学整备及道教经典整理予以体系化，对社会之影响亦相对增加，而足以与佛教相抗衡。其论争焦点系以"夷夏论"为中心，争论舍华夏固有宗教而信奉夷狄之教（佛教）之是非；南朝宋明帝泰始三年（467 年），道士顾欢著《夷夏论》，引致明僧绍著《正二教论》、慧通著《驳顾道士夷夏论》以辟之，又有张融著《门律》，主张道佛一致，而以道教为本，佛教为迹，提倡本迹说，然就二者优劣而言，主张道教居优位。

北魏孝明帝正光元年（520 年），宫中亦有佛、道二教之论诤，即清道观之道士姜斌与融觉寺之沙门昙无最，以老子与佛陀二人之出世先后为对论主题，论诤结果，姜斌被论破，流放至马邑。其前，甄鸾之《笑道论》与道安之《二教论》二书为当时有关佛道优劣论诤之重要论著，此二书皆以强烈之论点大力论难道教之低劣。然于北朝，佛道之抗争不仅为双方之论诤而已，更加上当权者之政策压迫，此即历史上著名的"三武灭佛"中，北魏太武帝与北周武帝之摧残佛教。

佛道之争，虽属宗教冲突，然二者之兴替，皆不离帝王之好恶，结果有力者较易获胜，失败者每遭毁灭之厄运。由此可见宗教与政治实有密不可分的关系，因此过去我一直强调，佛教虽然主张"问政不干治"，但佛教徒也不能以远离政治为清高，而应该将宗教与政治结合在一起，彼此相辅相成，如此清净的国土才可能落实在人间！

◆佛教不同于民间信仰的真理是什么？请大师开示。

星云大师：世间的宗教很多，每个宗教都认为自己所宣扬的教义是真理。所谓"真理"是有条件的，真理的条件是：普遍如此，必然如此，本来如此，永恒如此。譬如，佛经讲人生有"四不可得"：常少不可得、无病不可得、长寿不可得、不死不可得（《佛说四不可得经》）。这是放诸四海而皆准的道理，不但中国人如此、外国人也是如此；男人这样，女人也一样；古时候的人难免，现在、未来的人也莫不如是。所以这是普遍如此、必然如此、本来如此、永恒如此的真理。

一个人不论信仰什么宗教，都需要通过理智的抉择，确认自己所信仰的教义符合"真理"的条件，也就是必须具有普遍性、平等性、必然性、永恒性。佛教主张"诸行无常、诸法无我、涅槃寂静"，这是印证真理的"三法印"；佛教本身就是合乎真理的宗教，因此翻阅古今历史，如梁武帝弃道向佛，阿育王奉佛教为国教，宋朝名相吕蒙正说："不信三宝者，愿不生我家。愿子孙世世食禄于朝，外护佛法。"甚至哲学家尼采虽为牧师之子，却赞扬佛教比较崇高、真实；叔本华以佛教徒自命，肯定佛教是世界上最尊贵的宗教；韩愈从谏迎佛骨，到皈命佛教；欧阳修从毁谤佛法，到行佛劝善；乃至佛教五大论师：马鸣、龙树、提婆、无着、世亲等，无一不是从外道而改宗佛教。

谈到佛教的真理，广义地说，释迦如来的教说，三藏十二部经典，契理契机的道理，都是真理。综合其法要，可归纳为：

（一）苦聚。苦，通常是指我们受到业、妄想、烦恼的控制，而有五阴炽盛身心痛苦的感受；所谓"苦受"固然是"苦苦"，"乐受"也会"坏苦"，"不苦不乐受"也会"行苦"。总之，四大五蕴所积聚的人生就是苦聚，苦聚是人生的实相。所以，必须寻找灭苦的方法，才能超越娑婆苦海，从忧悲苦恼中得到解脱，也就是"照见五蕴皆空"，才能离开苦聚。

（二）无常。是指世间的万象，无一不是在刹那生灭变化中，没有一样是常住不变的。例如：一年有春夏秋冬的更替，人有生老病死的转化，器世间山河大地有成住坏空的现象，心念有生住异灭的迁流，这些都说明了世间一切都是刹那无常。虽然如此，"无常"也不一定都是不好的，幸福的人生是无常，穷困的人生也是无常，唯有超越世间无常，才能获得永恒自在。

（三）无我。所谓"我"，是主宰和实体的意思，但实际上并没有一个真正可以主宰的"我"，或是可依赖的"我"。因为"我"不能自由，不能自主，更没有实体。吾人要求青春永驻，希望永远幸福安乐，哪里能如我所愿呢？所以佛教讲"诸法无我"，是认为宇宙万有皆是因缘和合所生，不能单一、独立存在，人生要超越"假我"的执着，才能证得"真我"的自性涅槃。

（四）空性。所谓"空性"，并非指存在的东西忽然变得不存在了，而是指一切事物的存在是无自性的，没有不变不灭的实体，所以空性才是实相。佛陀说："物质的存在如聚沫，感受如水泡，表象如阳焰，意欲行为如芭蕉，识别作用如幻化。"唯有离开错误虚幻的认知，才能证悟生灭缘起的空性。

（五）业感。业，是指"行为""行动"或"造作"的意思，它包括身体、语言、思想三业。"业"，无论善恶好坏，都会产生一种力量，能驱使我们去造作新的行为，而新的行为又会产生新的力量。如此行为生力量，力量又推动行为，辗转相生，就形成了业力轮回。所谓自作自受，就是有情生死流转的动力，由此形成了惑、业、苦，不断循环，相互地纠缠。

（六）因果。因果是指宇宙生灭变化的法则，《瑜伽师地论》卷三十八说："已作不失，未作不得。"这揭示了佛教因果论的特点，说明万事万物都是仗"因"托"缘"，才有"果"的生起。而此"果"又成为"因"，等待缘聚合又生他果，如是相依相摄，因缘果报形成森罗万象、无穷无尽的世界。

（七）缘起。即"此有故彼有，此生故彼生"，是说明世间万物彼此依待而存在的法则。世间一切的事物，既非凭空而有，也不能单独存在，必须依靠种种因缘条件和合才能现起和存在，一旦组成的因缘散失，事物本身也就不复存在。

（八）中道。中道就是超越有无、增减、善恶、爱憎等两边的极端，人生如热烘烘地一味追求欲望享乐，或冷冰冰地舍离一切，执持苦行，都是不恰当的。应离开邪见执着，而行不偏于左右任何一方的中正之道——"中道"。但吾人也不能将"中道"误以为是折中之道、中庸之道。中道应以般若智慧来调和事理，融和有无；中道是以般若智慧来导正吾人的行为，趋向解脱之道。

（九）般若。是指向人生正途的光明法炬；有了般若，才能照见缘起性空，洞悉事事物物的无常、无我，而能知苦灭苦。佛教所讲的一切法，凡无般若，皆为世法，一切法有了般若，才是佛法。如"布施"而有般若，才能三轮体空；"持戒"而有般若，才能饶益众生；"忍辱"而有般若，才能无生法忍；"精进"而有般若，才能奋发不懈；"禅定"而有般若，才能证悟觉道。般若就是一种能透彻宇宙真相的智慧。

（十）涅槃。涅槃是灭除一切痛苦的究极理想境地，是净化贪爱，舍诸执着，拔除烦恼，熄灭欲念的世界，进而到一大总相的常寂光世界。当吾人通过佛法的修持，拥有般若的慧解，舍弃贪嗔痴烦恼的束缚时，当下就能获得清净自在的涅槃境界。

"厌苦求乐"，这是人类的本性，也是人类发展的本能。可是世间科技文明急速发展，带给社会繁荣，人民富有，却没有使人类的生活更加明智合理或安心自在，反而使人陷入更多的困顿与惶恐。这是为什么呢？依佛教的见解，人生痛苦的根源在于"无明"；因为人们对世界的本质有根本上的误解，所以苦痛就会像涟漪一样，一个接一个发生。

佛教的真理告诉我们：要离"苦"，才能得安乐；要知"无常"，才能有希望；要懂"无我"，才能融入大众；要明"空性"，才能真空妙有；要消"恶业"，才能美善人生；要识"因果"，才能心甘情愿；要透"缘起"，才能真相大白；要行"□道"，才能安身立命；要证"般若"，才能自由自在；要圆满"涅槃"，才能究竟人生。因此，唯有以佛教真理作为修行的指归与方法，不断净化身心，时时规范行为，才能达到人生最高的理想境界，这也是佛法真理的价值所在。

◆**妈祖信仰在民间一直拥有广大的信徒，甚至一般佛教徒也把妈祖当成观音一样信奉，请问大师，佛教对妈祖信仰有何看法与定位？**

星云大师：妈祖是民间信仰中为最受人们崇奉的主神之一，外国人称之为"中国女海神"。在中国东南沿海各地大多建有妈祖庙，尤其台湾是个海岛，四周环海，而妈祖属于海上守护神，故其信仰特别受到重视。仅台湾地区的妈祖庙、天后宫即多达五六百座。其中以北港朝天宫的香火最为鼎盛，每年进香的信徒人数高达百万人次。一年一度的大甲及北港的妈祖绕境出巡，更是动员数十万人，其信仰向心力之大，莫可言状。

妈祖在历史上确有其人。她原名林默娘，福建省莆田县湄州屿人，生于北宋建隆元年（960年）三月二十三日，从小即茹素，信仰佛教。据传能预知祸福，具有治病的能力。经常乘船渡海解救渔民，被村民称为神女、龙女。后来在一次救难中罹难身亡，村人于是为她修建祠堂祭拜。

妈祖在中国历史上的政治地位很高，根据史料记载，宋元明清几个朝代都曾对妈祖多次褒封，总计宋朝十四次、元朝五次、明朝两次、清朝十五次，封号从"夫人""圣妃"、"天妃""天后"到"天上圣母"等。其中咸丰七年（1857年）所封的"护国庇民妙灵昭应弘仁普济福佑群生诚感咸孚显神赞顺垂慈笃佑安澜利运泽覃海宇恬波宣惠导流衍庆靖洋锡祉恩周德溥卫漕保泰振武绥疆天后之神"，竟多达六十四个字，可见妈祖受到朝廷的敬重之深。

此外，历代的政治家和文学家更是写下大量的词章诗句来歌颂妈祖。如宋代学者陈宓题"但见舳舻来复去，密俾造化不言功"；元代诗人张翥的诗句"普天均雨露，大海静波涛"；明成祖永乐皇帝题诗"扶危济弱俾屯亨，呼之即应祷即聆"等，妈祖精神俨然已成为中华民族优秀的文化遗产之一。

妈祖信仰之所以能在民间及历朝政治上获得如此崇高的地位，有其原因。如福建省人民政府办公厅"妈祖文化"研究所说："妈祖信仰与我国古代许多和平外交活动有密切关联，诸如宋代的出使高丽，明代的郑和七下西洋历访亚非四十多国，明、清两朝持续近五百年的对古琉球中山国的册封等，都是借助妈祖为精神支柱而战胜海上的千灾万劫，圆满地完成了和平外交的任务。"

另外，历代的执政者莫不害怕人民思想反动，所以一直希望把人民导向妈祖等一般民间的信仰，不希望人民信仰佛教。因为佛教有教义思想，这是过去执政者所防范的，所以他们宁可让人民在没有思想之民间信仰上安顿身心，才不会反抗。于是在政治力的介入下，民间有所谓"三月疯妈祖"，即农历三月是妈祖的生日，各地的妈祖庙都会举行盛大的祭典。

不过，对于一般民间为什么会有那么多人信仰妈祖，我想必然有其为人所需要的地方。再说妈祖其实也是佛教徒，她是信仰观音的，所以现在妈祖庙也很有道义，很多妈祖庙都设有观音殿。妈祖跟观音一样，都是有情有义、救苦救难；妈祖居于湄洲，是海城；观世音在普陀山，也是海岛。妈祖在海上救度众生，观世音也是慈航普度。甚至如《观世音菩萨普门品》说："应以佛身得度者，观世音菩萨即现佛身而为说法。"为度化众生，观世音菩萨应化各种身，妈祖也是观世音菩萨的化身——应以妈祖身得度者，即现妈祖身而为说法。所以佛教其实应该为妈祖定位，就如关公、伽蓝、韦驮、天龙八部、四大天王一样，在佛教里都有属于护法神应有的地位。

总之，佛教徒对民间信仰应该采取和而不流的态度。过去佛陀住世时，连天龙八部都能容纳，就中国佛教而言，韦驮、关公都能做护法，因此我觉得对于一些有历史可考的护法正神，佛教应该包容他们，进而净化他们，提升他们。妈祖在中国历史上既有她一定的地位，佛教也应该为妈祖定位才是。

◆很多人信仰宗教，目的是为了追求神通灵异。请问大师，佛教对神通灵异有何看法？

星云大师：人生苦空无常，一般人在遭逢苦难，或是面对无力解决的问题时，除了求佛菩萨、神明的加被之外，最大的希望莫过于自己拥有神通力。

神通，一般而言有六种，称为"六神通"，即：天眼通、天耳通、神足通、他心通、宿命通、漏尽通。神通是通过修持禅定之后所得到的一种不可思议的力量。这种力量超乎寻常，而且无碍自在，因此凡人莫不希望具有"神而通之""神而奇之"的超人力量，以达成现实生活所无法实现的愿望。

然而，有了神通真的就能顺心如意，所求如愿了吗？事实不然，因为神通敌不过业力，业力才是世间最大的力量；神通不能违背因果，因此即使神通第一的目犍连，他也无法以自己之力拯救母亲脱离地狱之苦。

神通不但不是万能的，有时候有了神通反而带来痛苦。例如有了"他心通"，知道自己最要好的朋友竟然心怀鬼胎，你的心里会舒服吗？有了"天耳通"，听到自己推心置腹的朋友在背地里说你坏话，你的气能忍得下吗？甚至有了"宿命通"，知道自己只剩下一年的寿命，你的日子会过得自在吗？

再者，一个暴虐无道的皇帝，如果有了"天耳通"，听到背后有群臣骂他昏君，岂不要加重杀戮了吗？男女朋友，因为有"天眼通"，看到对方另有约会，岂不要情海生波，滋生许多事端了吗？所以，神通除非是诸佛菩萨因为具有定力、戒力、能力，可以用作度众的方便，否则凡夫俗子还是不要有神通的好，免得神通成为可怕的神通。

神通其实也不一定是佛、菩萨、罗汉等人有之；神通可以说充塞法界，遍满虚空，生活中处处有神通。神通更不一定指神奇变化的法术，神通充塞于大自然的各种现象之中。例如，乌云密布，天上就会下雨；气流变动，就会产生暴风；乃至四时运转、日夜递嬗等，这种种自然的变化，都可视为是一种神通。

神通在我们日常生活中更是俯拾即是，例如，喝茶解渴、吃饭当饱、善泳者浮于水面、善骑单车者行走自如等；乃至电话、飞机、网络的发明，不就是天耳通、神足通、天眼通吗？甚至器官移植、克隆动物等，这一切不都是足以使前人瞠目咋舌、闻所未闻的神通吗？

因此，神通是人类经验的累积，是智慧的呈现，是能力的超绝运用。现在社会上有一些人有一种侥幸的心理，总希望有意外的收获，甚至妄想有神通，可以知道过去、现在、未来，能够眼看、耳听十方世界。其实，过去的祖师不少人都有大神通，然而所谓"打死会拳的，淹死会水的"；会神通的，死于神通。例如提婆被外道刺死、目犍连被外道打死，可见神通抵不过业力，神通并不究竟。

神通是在有形有相上求。有，就是有限、有量、有尽；唯有空无的真理，才有无限的妙用。所以，佛教虽不否认神通，却也不标榜神通，因为神通抵不过业力，神通不是究竟的解脱之道。以前释迦族因轻视侮辱琉璃王子而遭到灭族的噩运，虽然神通第一的目犍连运用神通欲解救释迦族人，但被拯救出来的人最后仍然化为血水，这就是业力胜过神通的最佳证明。

神通非究竟之法，神通敌不过业力，神通比不上道德，神通及不上真理，所谓"假使百千劫，所作业不亡，因缘会遇时，果报还自受"。一个人如果造作了罪业，即使有神通，也不能免于因果业报的法则。因此具有神通并不一定拥有幸福，只有道德才是取之不尽，用之不竭的宝藏；能够求证空无的真理，更是究竟解脱之道，所以佛陀不鼓励弟子修学神通。学佛的人应该重视道德、慈悲，不要贪图神通，不要依赖神通，老实修行，脚踏实地，才是学佛之道。

◆一般人相信，鬼神有降灾赐福的能力，因此对鬼神莫不敬畏有加。请问大师，佛教相信有神鬼的存在吗？

星云大师：在佛教里，有所谓"天龙八部"，八部是指：天、龙、夜叉、乾达婆、阿修罗、迦楼罗、紧那罗、摩睺罗伽等，这是佛教的护法神。佛教将法界众生分为十大类，称为"十法界"，分别是：佛、菩萨、缘觉、声闻、天、人、阿修罗、畜生、饿鬼、地狱等。

根据佛经记载，佛陀说法并不仅限在人间。例如《地藏经》即记载着佛陀曾到忉利天为母亲摩耶夫人说法，当时除了十方诸佛菩萨与会之外，尚有三界二十八天的天众、龙众、鬼神等众，以及娑婆世界的海神、江神、河神、树神、山神、地神等，及诸大鬼王皆集到忉利天中。此即说明佛教也有鬼神之说，甚至大乘佛教八大宗派中，密教行者求法的先决条件之一，即必须找到一位神明护法。

神是属于六道之一的天道，根据《四天王经》记载，每月六斋日，四天王会派遣使者、太子，或亲自到人间考察，因此，佛陀教诫弟子们应于六斋日持斋守戒。"四天王天"分别由东方持国天、南方增长天、西方广目天、北方多闻天组成，各各守护一天下，是帝释天的护卫大将。帝释天也就是一般民间通称的玉皇大帝、天公、老天爷。此外，八大金刚、二十四诸天、伽蓝菩萨、韦驮菩萨、鬼子母等，都是佛教里较为一般人所熟悉的护法神祇。其中鬼子母本来专门窃食他人之子，后经佛陀感化后皈依佛教，并且发愿生生世世保护天下所有的小孩，因此成为安产与幼儿的保护神。

再者，从诸多的实例证明，一个有修行的人，由于举止安详，语言慈和，富于慈悲心，因此无论走到哪里，都能获得人天的尊敬与护持。例如佛陀住世时，大弟子须菩提在岩中宴坐，甚深的功行感动护法诸天，散花供养，表示敬意。另有一次，须菩提患病，身心感到疲惫，这时护法的帝释天带领了五百人向须菩提奏乐问病。

唐朝的道宣律师持戒严谨，有一天夜行山路，因道路崎岖，行路艰难，天神及时将他搀扶使免于跌跤。可见一个有修行的人，时时都有护法龙天诸神的护持。

有关佛教的护法神之说，自古即已存在。另外谈到鬼，一般人有一个错误的观念，以为人死一定会变成鬼，看到死人就觉得很恐惧，生怕鬼魂会附上身来。其实佛教虽然承认鬼的存在，但是佛教认为人死之后不一定变成人见人怕的鬼。人离开了这个世界，所前往的地方不仅仅是地狱而已，也许到天堂去享乐，也许再降生为人。纵然轮回为鬼，也必须具备成为鬼的罪恶因果，才会得到鬼道的报应。

鬼道众生的因缘果报究竟如何呢？在佛教的《业报差别经》中，曾经提到众生由于下面十业，将会堕入鬼道：

（一）身作恶。身体做出杀生、偷盗、邪淫等恶业。

（二）口作恶。口中造作妄语、恶口、两舌、绮语等恶业。

（三）意作恶。心里充满贪欲、嗔恚、愚痴等恶业。

（四）悭贪。贪取妄执，不知结缘施舍。

（五）妄求非分。不是自己份内的东西，而起觊觎非分之想。

（六）谄曲嫉妒。谄媚邪曲，嫉妒别人比自己好，而起恶心。

（七）起于邪见。遮无道德善恶，因果报应，邪知邪见。

（八）爱着不舍。爱恋执着心重，不能喜舍放下。

（九）因饥而死。饥饿而死，成为饿鬼。

（十）枯竭而死。如草木一般干枯而死。

宇宙间，十法界各有他们的世界，佛有佛的世界，譬如东方琉璃世界，西方极乐世界；天神有天神的世界，譬如三界二十八天；人有人的世界，譬如三大洋五大洲，人类有种族、身体、富贫、智愚等种种差别；畜生有畜生的世界，譬如天上飞的鸟，地上走的兽，海里游的鱼等，种类繁多。同样的，地狱、饿鬼也有他们的世界，鬼的世界和人一样，有他们自己的眷属，并且还需要工作谋生；鬼的社会也有贫富贵贱的差别，彼此之间少不了是非恩怨。鬼的性格千差万别，有脾气暴躁的，有性情凶残的，当然也有不失温驯善良的。

其实，鬼的存在和我们的人生有很密切的关系，因为鬼不一定在地狱，在我们人间到处也都充满着各种鬼。譬如喜欢吞云吐雾，烟嘴不离口的叫"烟鬼"；贪爱杯中之物，每天喝得醉眼醺醺的叫"酒鬼"；沉迷方城之战，赌得天昏地暗的叫"赌鬼"；恋眷朱颜女色，耽溺不知自拔的叫

"色鬼"。我们常常将一些坏的名词加在鬼的身上，举凡有恶劣的性情、不良的行为的，我们就称之为鬼，例如懒惰鬼、胆小鬼、疑心鬼、嫉妒鬼、小气鬼、贪心鬼、吝啬鬼、淘气鬼、缺德鬼，甚至剥削民脂民膏的吸血鬼等，谁说人间没有鬼呢？

一般我们只知道请法师道士来超荐阴间的鬼，却不知道人间也有许多的鬼需要度化。阴间的鬼超荐了，就可以夜行不惊，宅第平安；人间的鬼度化了，就可以民风转善，社会祥和。尤其目前的社会，人心浇薄，道德沦丧，更需要佛教的三皈、五戒、六度、十善来超度人间的鬼怪。譬如三皈依，皈依佛宝就永不堕地狱，皈依法宝就永不堕畜生，皈依僧宝就永不堕饿鬼。受持了五戒，不杀、不盗、不邪淫、不妄语、不饮酒，从此远离罪恶渊薮，不再造作下堕地狱的种子，当然就不会沦为恶鬼了。所以我们要想建设一个安和乐利的社会，唯有人人各安其位、各尽其责，人人把自己的本分做好，人人做好人，社会自然和谐；千万不要"不问苍生问鬼神"，否则缘木求鱼，自然徒劳无功。

◆ **"中元节"是中国三大节日之一，一般神庙都会在中元节举办普度、抢孤、水灯等活动。请问大师，佛教对于这类祭拜鬼魂的仪式有何看法？**

星云大师：拜神祭鬼是灵间信仰的重要活动内容，一般的庙会、建醮，乃至农历七月十五日的"中元普度"，都是最典型的例子。农历七月，一般俗称"鬼月"。根据民间的说法，七月一到，鬼门关大开，所有无祠孤魂鬼众都会返回人间享受祭祀，所以家家户户都会准备祭品来普济无祠孤魂，以祈家宅平安，消灾免难，此称为"普度"。而七月十五日的中元节普度则是鬼月祭祀活动的最高潮。

中元普度又称"中元祭"，其实是融和佛教"盂兰盆节"和道教"中元节"而成的民俗节日。道教的中元节是"三元"之一。农历元月十五为上元，是天官赐福紫微大帝诞辰日；七月十五为中元，是地官赦罪清虚大帝诞辰；十月十五为下元，是水官解厄洞阴大帝诞辰。依照道教的说法，七月十五日地官下降凡间，判定人间善恶，这一天道士会日夜诵经，举行斋醮法事，用以祭祀地官并超度亡灵饿鬼，称为中元普度。

佛教的"盂兰盆法会"则是起源于《盂兰盆经》所载，佛弟子目犍连为了解救堕入饿鬼道的母亲，求助于佛陀。佛陀告之："佛弟子修孝顺者，应念念中常忆父母，供养乃至七世父母，年年七月十五日，常以孝顺慈忆所生父母乃至七世父母，为作盂兰盆，施佛及僧，以报父母长养慈爱之恩。"后世佛教徒依教奉行，于是有"盂兰盆节"的流传。

盂兰盆有"救倒悬""解痛苦"之义。我国最早行盂兰盆会者，传说是梁武帝。据《佛祖统纪》卷三十七所载："（梁武帝）大同四年（538年），帝幸同泰寺设盂兰盆斋。"《释氏六帖》也记载有：梁武帝每逢七月十五日即以盆施诸寺。自此以后，蔚成风气，历代帝王臣民多遵佛制，兴盂兰盆会，以报答父母、祖先恩德。如唐朝代宗、德宗等，都曾亲设盂兰盆供，代宗还将过去施盆于寺的仪式改设于宫内道场，并设高祖以下七圣位，将帝名缀于巨幡上，从太庙迎入内道场中。

此外，《法苑珠林》载，唐时国家大寺，如长安西明、慈恩等寺，每年送盆献供种种杂物及举盆音乐人等，并有送盆官人，来者不一；而信众献盆献供者亦多。可知唐代朝廷和民间对于盂兰盆供是相当地重视。

盂兰盆会之所以如此流行，深得民心，实由于其强调借供养十方自恣僧以达慈孝双亲，乃至度脱七世父母的思想，与中国崇尚孝道，慎终追远的伦理传统不谋而合；再加上帝王的倡导，因此很快就由寺院走向民间，由佛教节日成为民间节日了。

盂兰盆会的启建兴设，到唐代都还谨遵佛意，主要在供佛斋僧以报父母先亡。但是到了宋代，民间的盂兰盆会却与道教"中元地官节"合一，而流行道士诵经普度众鬼，期使获得地官赦罪，获得解脱。如此则更着重于超度亡灵、祭祀祖先，而与中国传统对祖先鬼魂崇拜又融合在一起，盂兰盆会的性质也因此由"孝亲"变成了"祭鬼"，亦即为了亡者的鬼魂可得救度，原以盆供佛僧，却改以盆施饿鬼了。此习流传至今，"中元普度"已是民间七月的主要祭典。

　　除了中元普度之外，民间还有"放水灯"的活动，目的在为水中的孤魂照路，招引至陆地共享普度，这是基隆、中港等港口特有的活动。另外，农历七月最后一夜的"抢孤"，意在关鬼门前请走孤魂野鬼，这也是中元祭典的重头戏，头城、板乔、恒春、澎湖等地通常会在中元时举行抢孤的活动。

　　中国人"崇鬼""畏鬼"又"谄鬼"，不敢直呼鬼名，故以"好兄弟"称之。为了让好兄弟在七月这一个月的时间里能够解除饥虚，于是天天杀猪宰羊，广设宴席以普施鬼魂，因此造成无数生灵成为人们刀下、嘴边的牺牲品。其实，杀猪宰羊来祭拜亡者和诸路鬼神，是否真有需要？根据《地藏菩萨本愿经》说："临终之日，慎勿杀害，拜祭鬼神，求诸魍魉。何以故？尔所杀害乃至拜祭，无纤毫之力利益亡人，但结罪缘，转增深重。"可见如果为了祭拜亡者而杀猪宰羊，等于又为他造杀生之业，对亡者而言只有害处而无益处。尤其，人的生离死别已经很哀伤了，为何还要把这种痛苦加诸在猪羊等动物身上呢？

　　所以，佛教为了导正民间不良习俗的作风，以提升信仰层次，除了积极发扬盂兰盆节主要的供养三宝、孝道敬祖精神，将七月份定为"孝道月"外，也配合节俗举行"瑜伽焰口""三时系念"等普济十方一切幽灵、功德回向一切众生的佛事法会。

　　法会当中除了解除饿鬼的饥虚之外，最主要的是为他们说法、皈依、受戒，使其具足正见，不再造罪受苦，早日脱离苦趣，成就菩提。因此，佛门中的施放焰口与民间祈安免难的中元普度，其目的与意义自是不同，不但普度亡魂，并借此慈悲普济、庄严隆重的法会，接引更多人，获得更多社会人士的共识和参与，而达到改善民间杀生、浪费的"普度"风俗，诚可谓"生、亡两利"，实应大力推广。

◆世界上的宗教，虽然都是为了导人向善，但仍有层次上的不同，例如有自然宗教、英雄宗教、神鬼宗教、民间宗教、真理宗教、五乘佛教等区别。请问大师，佛教对宗教的分级有什么看法？

星云大师：自有人类以来，就有宗教信仰。最早的先民所信奉的是自然宗教，也就是刚才所谈到的，先民不能了解自然界的变化，于是把所有自然界的景观现象当作神明来崇拜，拜月亮、拜太阳、拜风、拜雨、拜雷、拜电、拜树、拜石、拜天、拜地……简直可以说无所不拜，无所不信。

自然宗教再慢慢进步到神鬼宗教，以人间的灵异现象为鬼神显灵，或以乡里市井之间传说的某某人成仙、某某人成神为崇拜的对象。

其后，又从神鬼宗教的信仰进入英雄宗教，就是在民众之中，以一些生前表现特殊的人物为信仰对象，人们崇拜他，视他为英雄、神明来祀拜。例如三国时代的关羽，成为现在的关圣帝君；南宋末年抵抗金兵的民族英雄岳飞，现在被供在岳王庙中；明朝末年的郑成功，现在也有郑王庙来供奉他。其他还有一些地方性的英雄崇拜，例如妈祖，传说她在海中救人救世，于是人们崇拜她。这些种种形成一个多神教的现象，也就是一般的民间信仰。

目前台湾是一个普遍信仰英雄宗教的社会。不过，随着教育水平普遍提高，民众智慧逐渐增长，人们更加需要信仰一个最合乎真理的宗教；这个真理的宗教不讲究神权，不致令人泯灭理智与自觉能力；这个真理的宗教不是出自对自然界的恐惧而盲信一通；这个真理的宗教更不是只崇拜具有某种德行的英雄人物而已；这个真理的宗教需要能面对所有宇宙人生的问题，要能解决人内心的烦恼，要能升华人格情操，要能使人奉行了以后可以达到一种他所向往的涅槃境界，也就是了脱生死。佛教就是这个最合乎真理的宗教。

佛教的信仰是智信而不是迷信，佛教所信仰的是：一切众生都有佛性；佛性中具足一切法，本来清净，不生不灭，本不动摇；万事万物都是从因缘和合而生，无有自性，唯心所现，唯识所变。信仰佛教的目的，在于获得无上正等正觉，也就是智慧发展到最高超的地位，人生进化到最完备的境界。而这一切都是不假外求，应该反求自心。

其实，信仰宗教不论是佛教或基督教，是释迦牟尼佛或上帝，都是起源于我们的心。基督教讲"三位一体"，中国过去提倡儒释道"三教一家"，其实宇宙间只有一个东西，那就是我们的"心"。"心"想做佛，就是佛心；"心"想上帝，就是上帝的心；"心"想成圣成贤，就是圣贤的心；心想把人做好，就是人心；假如心存不良，不怀好意，就是地狱、饿鬼、畜生的心。

也就是说，世界上的各种宗教当中，包括天主教、基督教、伊斯兰教、佛教等，虽然彼此信仰的对象有别，但不管是天主、上帝、阿拉、佛陀，乃至地方性的各种神祇等，其实都是信者自己心中所规划出来的"本尊"，名称虽有不同，意义却是一样。

各人心中各有本尊，不把心中的本尊建立起来，一切都是外在的。你相信土地公，土地公就很伟大；虽然不能与城隍、玉皇比，但在我心中无人能比。所以，不管耶稣、穆罕默德、孔子、上帝、关公，只要自己认定就好；一切价值，在于自我的判断、分别。例如一个小学生，不论父亲从事何种行业，在他心中都是伟大的，很容易以父业为己志。这是他心中的伟大、心中的完美、心中的崇高，不受现实、客观的价值观所影响。

但是，也不是自己心中认定的就是崇高、伟大，别人的就不如你。每个人心中所认定、所信仰的，在他心中都是最伟大的，所以每个人应该各自尊重自己心中的本尊，但不可以去排斥别人，也不要以自己心中的本尊去要求别人。宗教之间本来就应该要融和，大家和平共存，才不会失去宗教追求真善美的本质。

佛教是个包容性很大的宗教，凡是有益世道人心的宗教，凡是具有提升淳善道德风气的教义，佛教都表赞同。但是人类的信仰，从自然的敬畏、祖先的祭祀、灵魂思想的形成，到追求精神世界的升华及寻求生存的意义，是宗教所应净化、提升的过程。信仰宗教，应该注重的是智慧的开发及苦恼的解脱，而不是执着于神秘的现象。所以应该从自然宗教、神鬼宗教、英雄宗教、民间宗教到真理宗教，不断进步、提升；就如同学生求学一样，先读国民学校，然后初中、高中、大学；虽有层次不同，但要层层升级，不能停顿。

　　甚至就以追求真理的佛教而言，也有五乘佛法之分，即人、天、声闻、缘觉、菩萨。其中人天乘的佛教，重于积集世间福行的增上心，以现世乐后世亦乐为满足，是佛教的共世间法，如儒家近于人乘，基督教、伊斯兰教通于天乘；声闻缘觉乘的佛教，重于出世解脱的出离心，以涅槃解脱乐为最终的目的，如道教的出世无为、清净解脱；菩萨乘的佛教，重于利他济世的菩提心，以悲智究竟乐为修行的极致，而六度万行乃为利他济世的具体实践，这是佛教不共其他宗教的特点。

　　把五乘佛法调和起来，就是人间的佛教。人间佛教是 21 世纪佛教发展的主流。人间佛教不是随便徒喊口号，人间佛教是佛教的真理，是般若智慧。在人间佛教的般若智慧里，会看到事理的圆融、人我的尊重、法界的融合、生命的平等，会看到无量无边、无穷无尽的法界，看到你和我不是两个，你和我是一体的。今日人间最需要的就是"般若"，有般若才能照破世间的黑暗。因此人间佛教是未来人类的一道光明，人间佛教是人类未来希望之所系。

佛教对素食问题的看法

肉食普遍被认为是富裕生活的食物，因此，生活贫困的地区，往往逢年过节时才能吃到肉。但是时代走到今日，社会发展迅速，天天如同过年，于是有越来越多人在饮食上，不再以饱足为目的，更多时候是以自然、健康、营养为取向，所以也造就了素食成为21世纪的饮食新潮流。

佛光山开山宗长星云大师应美国洛杉矶西来大学邀请，自2005年10月5日起为期五天，主持"当代社会问题探讨"座谈会。顺应素食风的兴起，大师于10月8日，特别以"佛教对'素食问题'的看法"作为主题探讨。座谈会一开始，大师开宗明义说："'素食'在中国是荤食的对称；在日本，称为'精进料理'；在西方国家，叫作'健康食物'。从不同国家对'素食'名称的诠释，即可看得出食素食对现代人来说，是有利身心的饮食观念。"

一般人经常会将佛教与素食画上等号。对于学佛是否一定要吃素的疑问，大师开示："学佛不一定要吃素，但是吃素确实比较接近道德，也可增加慈悲心、柔软心、耐力。"并表示："素食是一种生活习惯，吃素的重点并不在于吃菜或吃肉，拥有'素心'，心能清净、慈悲才是最重要。"

很多人对素食及素食者充满好奇，也很想尝试吃素，但是不知如何入门，大师特别针对一般人对素食的疑问作了详尽的解答。内容包括：为什么要吃素？为何素食者不能吃动物，却可以吃植物？素食者可以食用五辛、鸡蛋、牛奶吗？何谓清净素食？素食有什么好处？对素鸡、素鸭的看法？佛教对杀生如何取其轻重？何谓杀业？吃素应该注意哪些观念与习惯？……

最后，大师还将几十年亲素食烹饪的经验与大众分享，让听众惊讶大师不但能说法，对如何做素菜更有深入研究和独到的做法。以下是当天的座谈实况记录。

◆近年来由于大师积极弘扬"人间佛教"，现在信仰佛教的人不断增加。谈到"信仰佛教"，很多人会联想到"吃素"的问题。请问大师，佛教徒一定要吃素吗？佛教提倡"素食"的意义为何？

星云大师：许多人把素食视为信仰佛教的指标。其实，佛教最早从印度传入中国时，并没有规定僧人不许食肉。《大般涅槃经》里，佛陀言："食肉者，断大慈种。"于是后人为了实践慈悲精神，而倡导吃素。一直到了南朝，梁武帝出于悲心，制定《断酒肉文》，提倡僧伽全面食素，并鼓励在家信众学习。自此，佛教与素食的关系才更加密切。

素食之所以能流传是受到中国儒家思想的影响；儒家主张仁爱、提倡孝道。孟子说："见其生，不忍见其死；闻其声，不忍食其肉，所以君子远庖厨。"此外，父母过世服丧期间，子女布衣蔬食，禁断酒肉；甚至遇上重大祭典时，人们也要斋戒沐浴，以示对神祇的敬畏。佛教传入中国之后，"戒杀放生"的观念与儒家"仁爱"思想结合，也使得素食风气更加兴盛。

佛陀时代，出家弟子过的是托钵乞食的生活，不拣别托钵乞食的对象，也没有饮食上的禁忌。现在的南亚、中南半岛一带如斯里兰卡、泰国、缅甸等南传佛教国家，仍恪守原始佛教托钵乞食的制度，信徒供养什么就吃什么，岂能选择吃荤或吃素？西藏地区由于地处严寒，蔬菜无法生长，喇嘛们平日也都以牛羊作为主食，更不可能选择素食，否则生命无法维持，又如何修行学道呢？现在的日本，佛教虽然很普遍，但是寺庙并不崇尚素食；禅门里有名的六祖慧能大师在猎人群里，吃的也是肉边菜。所以，学佛的目的不是只为了吃素，真正的学佛，"吃"并不是重要的问题，心意清净才是最重要的。如果满口的慈悲、仁爱，心里却充满着贪、嗔、邪见，就是终日吃素也违背良心啊！

记得三十多年前，素食并不普遍，在近十个钟头的南北交通往返途中，用餐成了重要的问题，因此我在台湾彰化建了福山寺，方便往来的信徒吃素饭。如今素食已逐渐成为趋势，就全世界来说，不仅中国佛教徒吃素，有许多非佛教徒的神父、牧师也吃素。尤其近年来西方社会吃素的人越来越多，不一定都与宗教信仰有关，大部分是基于卫生、健康习惯的理由而选择吃素。在印度，所有铁路餐厅都能提供素食；在美国，披萨、汉堡原本以肉馅为主材料，现在也有素食材料；台湾更是到处都可以见到素食餐馆。为了回馈十方大众的成就，佛光山在全球各道场设立"滴水坊"（取"滴水之恩，涌泉以报"之意），并与美术馆、书局结合，除了提供素食餐点，更充实信众的心灵世界，也获得广大回响。举凡这些现象，都可以说明素食对人类具有很大的影响力。

吃荤、吃素是个人的生活习惯，有的人以荤食为主，有的人以素食为主，有的人荤、素不计。但是基于"不断大悲种"的理念，佛教劝人不要杀生，即是为实践佛陀的慈悲精神。明陶周望《戒杀》诗就言明了，生命很可贵，"山珍海味"是多少生命的牺牲，如果让它们安全地生存下去，不是一件很美好的事情吗？我们何必为了自己的口腹之欲而让动物受苦呢？更何况吃饭，也不一定要珍馐美味，所谓"一杯清和茶，胜喝琼玉浆；一口菜根香，胜嚼酒肉饭"，即使是青菜萝卜也能饱腹啊！

学佛之后若能吃素当然最好，倘若因为家庭、工作环境等因素不能吃素，可以选择初一、十五或六斋日吃素，或是选择肉边菜、三净肉。无论是荤食或是素食，最重要的是要带着一种感恩心、惭愧心来吃。想想，牛一生辛苦地为人类耕田、拉车，甚至死了之后，它的皮、肉还被拿来利用。它如此把一生都奉献给人类，难道我们连一点惭愧、感恩的心都没有吗？为了自己的贪欲而拆散别人的骨肉已经很残忍，有的人还说我要吃猴脑、活鱼二十吃、三十吃，不断在吃的方法上面研究，似乎有些过分。

有很多人顾忌皈依之后是不是就要吃素。其实，皈依三宝是信仰的问题，素食是生活的习惯、生活的观念，是道德上的问题。佛教提倡素食，用意是让发心信佛、学佛的人都能够拥有"素心"；心地清净、善良、简朴才是最重要。

◆生物学家为生命所下的定义是：凡经历生长、繁殖、死亡过程的，都是生命。在此定义下，无论动物或是植物，都有生命。既然植物也是生命，为何素食者不吃动物，却吃五谷、蔬果等植物呢？请大师开示。

星云大师：佛教徒吃素主要是为了长养慈悲心，然而在生物学的定义："凡是会繁殖、死亡、生长的就是生命。"于是有人问："猪、马、牛、羊会繁殖、生长、死亡，青菜、萝卜也一样会繁殖、生长、死亡，为什么你们不吃动物，只吃植物呢？这样就是慈悲吗？"这个问题也是我年轻时曾经产生的疑问："吃素！吃素！青菜、萝卜也有生命，它也要活命，我怎么可以吃它呢？不吃猪马牛羊，却吃青菜、萝卜，实在是五十步笑一百步，吃素还是不究竟啊！"又有人说："蔬菜之所以能吃，是因为它不会流血，而动物会流血，所以不能吃它。"试问虾、鱼、螃蟹不会流血就可以吃吗？

其实，植物的生长、繁殖、死亡是物理现象，不是心理现象。佛教徒对"生命"的定义，不在于表相上是动物、是植物的区别，而在于有无心识反应。例如鸡、鸭，你要杀它，它会有心识反应，会恐惧害怕；你吃青菜、萝卜，它只有物理的反应，没有心识反应。就以一般人都会有的同情心来说，摘取一片植物的叶子和杀死一只动物的心情，毕竟还是不同。

此外，杀害动物是断其命根，一旦死亡就没有再生的能力，而植物只要再播撒种子，就可以延续生命，甚至大部分的蔬菜、水果，平时如果不去采收、修剪枝叶，明年就无法长得好。所以，佛教里认为吃植物没有所谓慈悲与否的问题，但是吃动物就有所顾忌了。

佛教徒在吃饭时要作五种观想，称为"五观想"：

计功多少，量彼来处；

忖己德行，全缺应供；

防心离过，贪等为宗；

正视良药，为疗形枯；

为成道业，应受此食。

所谓"吃现成饭，当思来之不易；说事后话，唯恐当局者迷"。无论食素与否，人们每天能有饭菜吃，是经过农夫种植、工人碾制、商人贩卖，乃至阳光、空气、水分等因缘所成就。因此，吃饭时最重要的还是要以一颗感恩心来受食。

◆在素食者当中，有人认为可以食用鸡蛋，有人不以为然；有人认为牛奶是素的，有人判定为荤的。请问大师，素食者可以食用鸡蛋和牛奶吗？还有，葱蒜等五辛也是植物，为何也在禁食之列？

星云大师：素食者吃蔬菜不成问题，那么吃鸡蛋可以吗？其实，想吃的人，总是会为自己找理由；说不可以吃的人，认为鸡蛋可能有生命，为了不断众生命，所以不吃。有的人喜欢吃鸡蛋，就说："现在的蛋都是饲料鸡所生，没有生命，所以可以吃。"甚至有些出家人好吃鸡蛋，也自嘲地说："内无骨头外无毛，有无生命谁知道？老僧带你西方去，免在人间受一刀。"似乎这么一想，也就比较能吃得心安理得。

佛教的戒律里，有一条叫作"讥嫌戒"，就是要避免遭人讥讽、嫌疑。偶尔会有人好意地对我们说："现在的菜很贵，吃鸡蛋很便宜，吃啦！不要紧啦！现在都是饲料鸡生的蛋，没有生命的。"话虽没错，但是一个出家人如果坐飞机、坐火车的时候吃鸡蛋，逢人就要解释："这鸡蛋没有受过精，是没有生命的。"这不是自找麻烦吗？所以，修行人为了免于世间的讥嫌，自己应该要有原则。

另外，有人会问："青菜、萝卜都可以吃了，为何葱、蒜、韭菜也是植物，却不能吃呢？"佛教《首楞严义疏注经》里说："是诸众生，求三摩提，当断世间五种辛菜……是五种辛。熟食发淫，生啖增恚。"中医也说："养体须当节五辛，五辛不节反伤身。"佛教讲究清心寡欲，虽然葱、蒜、韭菜也是植物，但是吃了会助长心志的混浊、情绪的亢奋，对修行会有阻碍。再者，寺庙丛林是一个清净的道场，大众齐聚共修，老葱、韭菜、青蒜在锅里一炒，浊气遍满十方，闻了会令人感到不舒服。为了避免用味道侵犯别人、为了避讥嫌，因此佛教徒对于鸡蛋、青蒜、老葱、韭菜干脆就不吃了。

至于牛奶、奶酪可以吃吗？奶酪、牛奶没有五辛的味道，也没有杀害生命的行为；因为不是杀生，所以牛奶、奶酪是准许吃的。刚才也提过，有些地方，如西藏、日本、泰国的佛教徒，因为地理条件、风俗习惯等关系，谈不上所谓吃素的问题，只有中国佛教徒受儒家影响，或受根本佛教慈悲观念影响，觉得应该要食素。其实，"吃不吃"不是很重要，"修心"才是最重要，心能清净，吃什么并不是很严重的问题。再说，荤食者具有慈悲心肠的很多，素食者也有心地不好的，所以不能以素食、荤食来断定慈悲与否。

◆素食者也有好多的分别，如吃早斋、六斋日、肉边菜、三净肉等。怎样才叫清净的素食呢？

星云大师：人生在世，最重要的问题就是生存问题，而想要活命，最要紧的就是"吃"。一般人对于"吃"，谈不上吃荤、吃素，总是有什么就吃什么，但是也有一些人，基于信仰、环保、护生意识或健康理由等，不吃荤而吃素。

从古至今，东、西方有许多伟大的人物不但选择吃素，更极力推崇素食。例如：佛教教主释迦牟尼佛、中国至圣先师孔子、民国初的孙中山先生、印度圣哲甘地，英国诗人雪莱、哲学家边沁、科学家牛顿、剧作家萧伯纳、德国物理学家爱因斯坦、俄国小说家托尔斯泰、美国诗人梭罗、意大利文艺复兴巨匠达·芬奇、诺贝尔和平奖得主史怀哲医生、古希腊哲学家苏格拉底等，都曾经留下推崇素食的名言。

素食者也有不同的类别，有吃全素、奶蛋素或方便素等。其实，吃素主要在吃"心"，重要的是心里能清净。不过也有人向往素食生活，想要借由吃素增长慈悲心。所谓"放下屠刀，立地成佛"，虽然不是立刻可以完全吃素，但是可以循序渐进。慈悲心也是有等级的，刚开始或许对认识的人慈悲，慢慢再扩展为"无缘大慈，同体大悲"。所以，从减少吃荤食开始，逐渐增加慈悲心，自然能培福增德。

有人讲究吃素的时间，例如有的人习惯吃"早斋"，早上吃素，中午、晚上吃荤，这也不究竟。一般人早上本来就吃得比较清淡，吃个豆浆、烧饼、油条或是面包、牛奶，一餐就解决了，很少有大鱼大肉的吃法。不过尽管只在早上吃素，也是一种慈悲善心的表现。乃至有的人选在"六斋日"吃素，"六斋日"是每月的八日、十四日、十五日、二十三日，以及月底的最后两天。能有几天素食，心境上似乎更能与道德贴近。这种想法也很难得，虽然不能吃全斋，能六斋也不错了。

如果碍于现实条件而无法吃素，佛教有所谓吃"三净肉"及"肉边菜"的记载。《五分律》中所提："有三种肉不得食，若见、若闻、若疑。见者，自见为己杀；闻者，从可信人闻为己杀；疑者，疑为己杀。若不见、不闻、不疑，是为净肉。"虽然不能吃素，吃三净肉也会吃得比较安心。也有的素食者，由于饮食环境不方便，所以只能吃"肉边菜"。好比禅宗六祖慧能大师避难于猎人群中时，每到吃饭时间，就把菜寄煮在肉锅里。有人问起，他就说："我只吃肉边菜。"虽然不方便吃素，但是能想到要素食，这颗心还是非常宝贵的！

在记忆里，我四岁就开始吃素，但是在七十几年的素食生活中，免不了还是会吃到含有荤食成分的东西。例如有一次，应宜兰高中温麟校长邀请，到他家里做客，校长亲自下厨，煮了一大盘水饺款待我们，吃下一口之后，发现饺子的馅是韭菜、鸡蛋做成，虽然心里知道还是隐忍不说，以免失礼，甚至最后还把一盘饺子都吃完了。

又有一次，一行人代表中国佛教会到日本访问，日本佛教会招待大家用餐，当服务生端出面时，腥膻四溢，才知道日本人喜欢用鱼虾熬汤。为了避免大家难堪，我们只有囫囵吞下面条了事。

过去战争的时候，有一个霸道的军人来到寺庙里，恐吓住持大和尚，说道："你们都很慈悲，都是素食者，我这里有一碗肉，你如果能把这碗肉吃下去，我就不杀你们；如果你不吃，我就把你们杀了。"住持大和尚一听，毫不犹豫地拿起那碗肉吃下去了。他为了救人，不是为了贪心而吃肉，这算开荤吗？在我看来那是慈悲心的体现，是一种很伟大的精神。

《七佛通偈》中说："诸恶莫作，众善奉行，自净其意，是诸佛教。"佛法以慈悲为本，方便为门，奉行戒律应当圆融通达，否则为教条所束缚，反而失去了佛法的精神。

◆**诚如大师所说，不论是取决于信仰、健康、道德或是习惯的素食者，必然认定素食能利益身心**。请问大师，素食究竟有什么好处呢？

星云大师：根据科学家的研究，人类的生理结构介于素食动物与肉食动物之间，但是更接近于素食动物。肉食动物消化道较短，因为肉类食物腐败极快，不宜在身体里停留太久，免得对身体造成伤害；而素食动物肠道较长，曲折环绕，为的是慢慢消化蔬菜、水果。人的肠道比较长，所以，人类的生理结构确实比较适合素食。有的人认为吃素营养不够，会体力不足，无益于健康。各位看我的样子，自幼吃素还不是长得又高又壮。再看历代的高僧大德，他们在佛门里几十年的岁月都是吃素，虽然七八十岁了，依旧鹤发童颜，身体矫健。

素食的好处很多。近年来肠病毒、狂牛病、SARS、口蹄疫、禽流感等传染病爆发，造成全世界的恐慌，使得人们开始担心会不会吃到染病的肉食，而吃素则能避免吃到有传染病之虞的牲畜肉。

世界上的动物可以分为两种，素食动物如大象、骆驼、马、牛，它们虽然吃草，但是都很有耐力，好比马日行千里，牛拉车耕田，鸽子一飞千里。肉食动物如豺、狼、虎、豹、狮等，虽然凶猛，但是缺乏耐力，所谓"老虎三扑，后继乏力"。世界三项持久冠军的美国运动员赛克托·莱诺瑞斯是一位素食者，曾创下游泳、自行车、长跑世界纪录。他曾说："当我高中开始吃素时，父母曾因为我不吃肉，感到非常烦恼。十四年后的今天，他们总算接受吃素对我是好的。"

过去美国训练航天员，也借用佛教的两个修行方法，第一是练习素食，以培养耐力；第二是学习禅定，培养定力。因为太空舱空间小，倘若没有耐力与定力，航天员在里面的时间那么长，寂寞的日子实在是不容易度过。

英国剧作家萧伯纳吃全素，在他生前曾有一群医生一再建议他要吃肉，否则会饿死，但是他却健康地活到九十多岁。到了现代，西方国家的医学界也极力提倡减少肉食，因为肉类食品脂肪和胆固醇高，容易造成血管硬化和阻塞，对人体不利；而素食则有助于清除体内毒素，被视为血液的净化剂。

第一次世界大战时，联军设下路障，导致丹麦物资进口受到波及。封锁期间，丹麦政府担心粮食短缺，于是进行全国食物配给计划。由于肉类缺乏进口，丹麦人只能靠谷物、蔬果和乳制品维生，结果丹麦人的健康情况反而得到很大改善，死亡率大幅降低。到了战后，恢复肉食，死亡率很快地又恢复到战前的数字。这样的结果，至少可以证明人类不需要肉食也能活得健康。

几年前，媒体报道美国一名年仅13岁的神童葛雷格利·史密斯，将从大学毕业，并计划在18岁前完成四个博士学位。和别的神童不同的是，他是一名素食主义者，他认为食素能保持头脑清晰，身体也能获得健康。由于致力儿童福利工作，小小年纪的他，曾获得两次诺贝尔和平奖提名。

佛教虽然没有要求学佛者一定要吃素，但是吃素的好处还是很多，例如增加耐力、调适情绪、助于修行。佛光山有很多年轻的沙弥，经常和附近的成功大学、师范学院、陆军官校学生进行篮球友谊赛。篮球场上，只见对方的球员，上场一下子就气喘吁吁、汗流浃背，向教练要求换人。反倒是我们的沙弥，奔驰全场，要换他下来，他说："干吗换？我还有力气啊！"另外，佛光山一千多位出家众，为了弘法利生，从早到晚努力不懈，除了六个小时的睡眠，大部分的时间都在工作，不叫苦也不喊累，究竟原因何在？原本我对这些问题没办法了解，后来发觉到与素食应该有很大关系，素食能增加耐力。中国民间一直流传的初一、十五吃素习惯，也不是没有道理的。据科学家研究发现，人们的情绪在十五月圆日比平常容易激动；到了初一，人们的情绪又比平常低落。所以，借由吃素可以调适身心，以达平静。

另外，吃素有助于打坐，能长养慈悲心，吃素的人清心寡欲，性格比较柔软、和平，寿命比较长，甚至素食能维护生态环境，减少世间的互相斗争、残杀。世间上为什么有这么多战争？所谓"欲知世上刀兵劫，但听屠门夜半声"啊！

吃素也有缺点，就是容易饿。不过，容易饿表示容易消化，对身体健康还是有帮助的。尤其吃素已渐渐成为现代人的生活习惯，尽管每个人吃素的出发点不同，只要观念正确，烹调得当，对身心都有益处。

吃素是一种很自然的过程，不是勉强而来的。过去弘一大师和丰子恺先生合编了一本《护生画集》，在台湾也曾经再版流通，许多人看了以后，基于"护生"的理由，心中生起吃素的想法。因此，不要勉强别人一定要吃素，否则对方不但不敢信仰佛教，对素食也会产生反感；有了信仰之后，通过修行，慢慢地了解到素食的利益，自然就会想要吃素了。

◆大师提到，吃素在"心"，然而市面上曾流通"黑心素食"，如果不知者吃了以后有罪过吗？现代的素食产品中充斥着素鸡、素鸭、素鹅、素鱼等豆类制品，难免给人"不清净"之感，请问大师对此有何看法？

星云大师：吃素的好处很多，但是前一阵子市面上曾经出现不肖商人在素料里掺入荤食，这种"黑心素食"，不但会危害人体，更是一种不道德的行为。所以，吃的人没有罪过，制造的人有罪过。

现在豆皮制作的素鸡、素鸭、素鹅、素鱼，不但形状与荤食没有两样，味道更是逼近。对吃素的人来说，即使做得像鸡、像鸭，也不会就把它视为鸡、鸭，只晓得自己吃的是素菜，不会去分别。但是有的人不以为然，认为既然要吃素，就应该清净地吃，为什么还要将素菜做成荤菜的样子？是不是吃素的人还是有想吃肉的念头，借此聊以解馋呢？所谓"欲令入佛智，先以欲勾牵"。我想，制作的人应该不是为了吃素的人而做，是为了鼓励社会大众吃素，是为了引导大家学习吃素而做。尤其自古以来中国社会每逢祭祀，讲究祭品丰盛，以素鸡、素鸭代替荤食，不但减少杀业，也满足民众祭品必求丰盛的心态。现代人技术实在高明，有一次我应信徒的邀请，在一家素菜馆吃饭，那素鸡实在做得太过逼真，连我看了也不免起心动念，当下就觉得素菜做成荤菜的样子，确实有改良的必要。多少年来，我也在思考如何让素鸡、素鸭、素鹅有个更适当的名字，不但要让大家一看就懂，还要让人觉得素菜很好吃。

我一生性格随和，不大执着表相，因此不太愿意改变大家的饮食习惯。例如几十年来，经常在吃饭的时候，煮菜的人都会为我准备一盘素乌鱼子，我从来不吃，虽然味道不好闻，但每当我吃饱饭，掉头一走，素乌鱼子马上就被旁边的人吃完了，也因此留下不好的名声——师父很喜欢吃素乌鱼子。但是，我一生都没声明过我不喜欢吃素乌鱼子，为什么？别人喜欢吃，就让他们吃。

佛教说："心净则佛土净。"本着清净的胸襟，随缘度日，人间何处不是净土？所以，素食者应该用什么心情与人相处是很重要的。很多人说素食者出外很不方便，但是多年来，我四处云游，吃素不但没有为我带来困扰，反而能让大家皆大欢喜。

◆佛教准许杀生吗？例如：用小动物做实验，也是杀生吗？农夫可以使用农药除虫吗？渔夫可以学佛吗？

星云大师：佛教徒吃素的原因大多是为了避免杀生。佛教要人不杀生，但是要完全"不杀生"却不容易。例如，生病了，去看医生，医生一针打下去，会杀死很多细菌，这不就是杀生吗？此外，"佛观一杯水，八万四千虫"，一杯水里有很多生命，你喝了它，不也是杀生吗？亲人往生火化，人虽然是死了，身体里却还有很多细胞、微生物，你把它们烧了，不也是杀生吗？平常用木柴烧火，木柴里有很多寄生虫，不也是杀生吗？

如果这许多杀生都有罪过，那么人的罪过可就多了。以我的了解，喝水、打针、烧木柴不算杀生。为什么？因为我没有杀心，一点杀生的念头都没有。一切法都是由心所创造，所以关于"杀生"，有杀心和没有杀心，结果是不一样的。

有一次我到澎湖，当地居民看到我们出家人，就说："我们都是捕鱼的，从事杀生的行业，你们出家人来，对我们有帮助吗？"当时我心里想，佛教不舍弃任何一个众生，这里的人虽然以捕鱼为业，但是如果我们不能给予帮助，那么，佛教不就舍弃他们了吗？为了生计而捕鱼，纵使有杀生的行为，没有杀生的嗔恨心，还是很好啊！人间佛教是以人为本的佛教，人总要生存，好比有时候老虎吃羚羊、狮子吃斑马，那也是为了生存。所以，要求人间完全像天堂、佛国净土，恐怕很难，只能要求少杀，尽量仁慈。

佛教当然不准许杀生，但是杀生的情况也有不同，有的人赶尽杀绝，用恨心杀生；有的人为了救人救世，慈心而杀。例如佛陀在因地修行时是一位商人，有一次出海经商，船上遇到一个坏人谋财害命，为了救船上的五百名商人，只好将恶人给杀了。

对于杀生，可杀、不可杀是很复杂的问题。在正常情况下，每个生命都很可贵，不容许受到伤害，但是站在人道的立场，有时候杀生要看生命所处时间、空间的价值为何。嗔恨的杀固然不好，有时为了慈悲、正义而牺牲其他生命，也是被允许的。

我出生在民国北伐战争时期（1927年），十岁的时候（1937年）正值中日战争爆发，当时大雪飘飘，我一个小孩子扛了两条被单，随着人潮逃亡，那种骨肉离散的景象，真是凄惨无比。八年抗战之后，接着又遇上国共之间的战争，战火连绵，不知多少家园毁于一旦，多少无辜的生命就此丧生了。战争是残忍的，因此若是为了救民于水深火热，为了维护正义公理而发动战争，还情有可原；如果另有企图，为了侵占国土、种族歧视等而发动战争，致使生灵涂炭，就罪过重大了。

所谓"上天有好生之德"，现在世界上有许多卫道人士，积极提倡废除死刑，甚至有些国家的法律早已废除死刑。废止死刑到底妥当不妥当呢？我个人以为，犯了其他罪过，都能给予谅解或是将功折罪；如果是杀了人，所谓"杀人不偿命"，这是违反因果的，就值得再研究了。

　　总之，杀生是有罪过的，不过有的杀生是合理的，有的是不合理的，甚至有的是超过一般理性范围的杀生，罪业的轻重也就有所不同了。

　　关于杀生，世间上有很多现象是矛盾的。有的人说我只吃鱼肉，不吃鸡肉，难道鱼就注定要被人杀吗？站在利益他人的立场，其实佛教也没有什么绝对可以，或绝对不可以的事。有人问："用小动物做实验是杀生吗？这样的行为可以吗？"记得2001年我应邀到新加坡时，与新加坡国立大学医学院毕业执牌医生及在学的准医生举行座谈，他们也很关心这个问题。当时我告诉他们，医学上以动物做实验，目的是为了救天下苍生，所谓"死有重于泰山，有轻如鸿毛"，死的价值不一样。医生从事医学研究，目标远大，有时也可以不必拘泥于小节。

　　所谓"牺牲少数，成就多数"，只要不是滥杀，不是心存恨意，不是以杀之而后快的心杀生，虽然功、过还是存在，但是这种行为是为了救普世人类，也是功不唐捐。不过，做实验不得已要杀生时，如果能带着"对不起""感恩"的心态，并将实验功德回向给被牺牲者，就比较圆满了。

　　也有人问："农夫种田，为了收成好，必须喷洒农药，驱除害虫，这样做有罪过吗？"我不能违背佛法，打妄语说："这些行为没有罪过。"其实必要时驱除蚊虫，并不是很严重的问题。因为佛法所说的不杀生，主要是以"人"为对象，以杀人为严重。当然，如果能事先预防或驱逐，比杀生要好些；倘若不行，为了生存而驱除，也不是很大的罪过。

　　事实上，我们平时在有意无意间伤害的小生灵更多，这种无意中杀害的行为，纵使有罪，也属轻微。佛教重视的是动机、存心，怀着嗔心而故意杀生，那必定是要受苦报的。关于杀生的问题，如果探究得太过仔细，就容易钻牛角尖。因此，以人为本的佛教，对于许多小细节的事情，可以不必太过坚持。

　　◆杀生有程度、种类的不同，甚至杀生者的心态也有差别。请问大师，佛教对杀生的定义，怎样取其轻重？

星云大师：佛教以"人"为本，所以不杀生戒主要是指不杀人。杀人罪在佛教戒律里叫作犯"波罗夷"（极重罪），是不容许忏悔的根本大戒。打死老鼠、蟑螂等，叫作犯"突吉罗"（轻垢罪），是行为上的错误，罪过较轻微，通过忏悔可以消除罪业，通过行善也能将功折罪。好比将一把盐放在茶杯里，水的味道奇咸无比；若多添加一些清水，咸味就转淡了。同样的，人有大慈悲、大愿力，就能抵过微细的罪业。

杀生又因程度、种类的不同，自杀、杀他、唆使杀、见杀随喜、方便杀、故意杀、过失杀等，罪过也有轻重的差别。好比有的人不只杀生，还给予种种残刑，如凌迟，罪过就比较重；有的人是过失杀，罪过也就比较轻。例如家里请客，婆婆要媳妇杀鸡；不是叫媳妇杀鸡自己就没事了，这是唆使杀生，婆婆一样犯罪。还有，见别人被杀，在旁边拍手："杀得好、杀得好！"这种见杀随喜也是有罪。甚至诅咒人家："哎！早一点死吧！""老天爷开眼，让那个坏人赶快死吧！"这也是犯了杀心。

在各种杀生当中，自杀的罪过也很重。世界上自杀的人越来越多，年龄层也越来越低，尤其是青少年，情绪一激动，就拿自己的生命开玩笑。其实，自杀是很自私的行为，不但伤害自己的生命，还把痛苦留给别人，这怎能安心，怎能解脱呢？再说，一个人既然连死都不怕了，为什么不提起勇气去做好事呢？所以，希望大家都能珍惜生命，不要轻易伤害自己。要知道，自杀后的痛苦是更加不堪的啊！

奉劝世间上不如意的人、想要自杀的人，应该多想想别人，及时悬崖勒马。对于人生，不必想得太过悲哀，世间的一切都是有因有果，坏的因果也能转变成好的因果。人间千万条道路，何必只选择自杀一途呢？

心里一念嗔心、一念慈心，功过还是有差别的。例如，十几年前，台湾轰动一时的健康幼儿园火烧车事件，林靖娟老师为了抢救孩童而牺牲；去年小琉球火烧船事件，东港到小琉球民营交通船联营处张乾坤主任为了救人，不惜将自己的救生衣给别人穿而不幸溺毙。这种舍己为人的精神，在心态上和自杀是不同的。

佛陀过去生中曾经是一位仁王，有一次国中闹旱灾，据预测将持续

12 年之久。库存的资粮早已月尽，国王焦急万分，决定舍身以保人民性命。于是他发愿："为了人民的生存，我愿牺牲自己的生命，更愿来生作大鱼，以我身上的肉，救济人民的饥饿。让他们在我身上有取之不尽、用之不竭的血肉。"祈祷后，国王就此舍命。国王死后随着愿力化作大鱼，并出人语说道："你们尽量吃，但是吃饱后，要把我的肉带回城里分给别人吃。"真是不可思议，虽有无数的人吃鱼肉，却永远有割不完的肉。就这样经过 12 年，国中没有一个人饿死。佛陀为了救拔苦难众生而舍身，又岂能以"杀生"来抹杀他的大慈大悲呢？

生命是很宝贵的，能不杀生尽量不杀生。平时要保持居家环境的清洁，避免滋生蟑螂、老鼠等，纵然有时候不得不伤害它们，也不能带着"打死你、杀死你"的心态，立该心存歉意，如此罪过也会比较轻。世间无论什么东西都有生存的权利，广义的杀生，如一朵花原本可以开一个月、两个月，你不好好照顾，它很快就萎谢，这也是杀生；衣服原本可以穿三年、五年，你不爱惜它，三个月、五个月就坏了，这也是杀生。总之，天下最大的功德莫如护生，天下最大的罪过莫如杀生。现在是重视民权、生权的时代，每一个人都应该尊重生命。

◆**佛教讲因果报应，有人说"吃猪、马、牛、羊，将来会有成为猪、马、牛、羊的因果报应；打死苍蝇、蚂蚁"，也会成为苍蝇、蚂蚁"，甚至有人说"杀人，便能再成为人"。这样的知见正确吗？一般人对杀业还有哪些谬解？请大师开示。**

星云大师：有人说："动物天生就是要给人吃的。"这是非常错误的观念。世间的生命，没有绝对的大欺小、强欺弱，好比狮子虽然凶猛，是百兽之王，但是只要被一根牙签树的枝刺伤，就无法走路觅食而饿死。中国有句俗话说："淹死会水的，打死会拳的。"强中更有强中手，不能自以为强势。即使是在不得已的情况下杀生，也应该心怀歉意。

在佛教有所谓"破戒"与"破见"的不同，杀生是行为上的错误，尽管有罪，只要懂得忏悔，罪过很小。可是有的人觉得杀生是应该的，这是见解上的错误，不通忏悔，就如一个人病入膏肓，是很难得救的。因此，尽管你吃荤，但不可以理直气壮地认为鸡鸭牛羊都是应该给人吃的。假如老虎、狮子来吃我们，也说人本来就应该给它们吃的，不知道人类又作何感想？

有个故事说，有一只猫准备吃掉一只老鼠，老鼠说："你残害我们的生命，你大欺小，太不平等了！"猫回答："老鼠，你要我平等，好，现在我就让你吃好了！"老鼠一听，"哎！你是猫，我怎么敢吃你呢？"于是猫又说："你不吃我，那我就吃你，这不是很平等吗？"话虽如此，但是这叫作强权下的平等，不是真平等。

另外，有人说："只要心好，吃什么不都是一样吗？为什么一定要素食呢？"自认"心好"，"好"的程度如何？既然"心好"，又何忍把"自己"的快乐建筑在"他命"的痛苦上呢？再说，如果"心好"，又不造杀业，不是更好吗？也有人说，我们吃猪、马、牛、羊，将来会有成为猪、马、牛、羊的因果报应，杀死老鼠将来会变成老鼠，杀死蚊虫将来会变成蚊虫。如果是这样，那么，杀人不就变人了？我们把饭吃到肚子里，排泄出来的还会是米饭吗？学生犯了错，老师处罚他面壁，甚至罚站、罚跪，难道学生也可以罚老师面壁，要老师罚站、罚跪吗？所以，这样的理论是不合乎因果的，是一种可怕的邪见。

有个老祖父为了教训调皮捣蛋的小孙子，一气之下赏了他一个耳光。老祖父的儿子，也就是小孩子的父亲看见了，也给自己赏了一个耳光。老祖父一看，觉得奇怪，问道："儿子，你为什么自己打自己呢？"儿子说："爸爸！你打我的儿子，我就打你的儿子啊！"从现象上看，儿子的行为似乎也说得通，但是从因果上看却是一种愚痴的行为。所以，不是吃什么就变什么。举心动念如何，结果就会有所不同。例如欠债了，虽然没有钱还，但是可以用服劳役来代替；你打了人，想忏悔，不一定要被人家再打回来，只要道个歉，问题就可以解决了。还有人说："吃肝补肝，吃脑补脑。"吃肝补肝？我觉得不见得，一般人说猪很笨，吃了猪肝以后，会不会变成笨猪呢？至于"吃脑补脑"，活生生地把猴脑打开，何其残忍！再说许多人说猴子很狡猾，吃了猴子的脑，变得很狡猾，该怎么办呢？

"吃什么补什么"的理论很不恰当。有一次感冒，我对医生说："我感冒了，需要吃药。"但是医生却说："感冒是不容易看好的，不用吃药！"我心想："你做一个医生，怎么可以这样说，感冒不都是要看病，医生都得开药的吗？"他说："那都是安慰药啦！当然感冒可以治疗，但是几百种的感冒，要能对症下药是不容易的。感冒最好还是多休息，多喝开水，保暖，流汗，那就是治疗了。"

昆虫里有一种螟蛉子，它与蝴蝶有因缘关系，但不一定就是蝴蝶。一亩田地里，同时播下的种子，长出来的禾苗，也有高矮不同。所以，"因缘果报"的关系，从"因"到"果"，其中"缘"的关系轻重，不能不注意。

众生在六道里历经百千万劫的轮回，真是难以细数。愿云禅师《戒杀诗》中说："千百年来碗里羹，怨深似海恨难平，欲知世上刀兵劫，但听屠门夜半声。"志公法师又有偈说："人生真是苦，孙子娶祖母；牛羊席上坐，六亲锅里煮。"有人说："怎么办？三世因果实在太可怕了，过去吃了那么多肉，将来哪里还得了？真是罪过啊！"这就好比有人问："释迦牟尼佛过去所造的罪业，成佛之后是否还会受报呢？"业报还是要受。但是，这一生的业报如果全部都要报尽，那也实在太复杂了。因而佛教有句话说："罪业本空由心造，心若亡时罪亦灭。"在《法华经》里提到"性具"思想，我人善恶业报夹杂，虽然如此，只要多培植善业，小小过失也就不具有大影响了。例如，一块田里，虽然杂草和禾苗生长在一起，只要持之以恒，慢慢地去除蔓草，等到稻禾长大了，杂草被压在下面，也就不会影响收成了。

这个世界已经从神权演变到君权，进而到了民权时代，但是这还不究竟，应该积极提倡"生权"，一切众生都有生存的权利。当生权的时代来临，一切虐待动物的行为，例如让牛马超载、把鸡鸭倒过头来吊挂，都要受到处分。唯有提倡慈悲、仁道，才能更彰显这个社会的光明。无论如何，佛教主张"众生平等"，能以平等心看待动物，才是人类文明的极致表现。

◆原始佛教"托钵乞食"有什么规矩？中国可以实施"托钵乞食"吗？为什么要"过午不食"？有此必要吗？

星云大师：两千多年前佛世时代，印度社会人民的宗教情操浓厚，对于修道沙门都有供养的习惯。因此，比丘在早晨太阳还没出来前就得出去托钵。

说到托钵乞食的规矩，佛陀十大弟子之一的大迦叶每次外出托钵，都专找贫穷人家乞食，为的是让他们有机会种植福田，以度脱贫穷。须菩提则刚好相反，为了不增加穷人的负担，会到有钱人家乞食，让富者能够继续广种福田，未来才不会穷苦。佛陀知道这样的事情之后，有一天特地召集大众开示："佛法应该建立在平等上，托钵乞食应当不分贫富，不计贵贱，不分精粗，次第乞食。"所以，托钵乞食要依照次第，不能因为这户人家比较贫穷，没有好东西吃，就不去托钵；那户人家吃得比较好，就到那家去托钵。另外，在所得食物上，也没有荤素的忌讳，只强调遵守"三净肉"的规范。

当然，托钵也不是像叫花子讨饭一样，挨家挨户到人家门口去要，而是正好那个信徒家里有喜丧婚庆，他会预计好当天供养的人数，把饭菜摆到门口，当比丘经过时，就一份一份地分送给他们。如果有比丘迟一点出来托钵，供养结束就托不到东西吃了。

目前南传佛教国家仍实践托钵乞食制度，而且是全国人民奉行，但是在中国台湾、美国等地，信仰自由，人民不完全是信仰佛教，若要托钵乞食就不方便了。因为每个国家、地区的风俗习惯不同，托钵乞食的制度不一定容易实行。所以，中国丛林便采用集中修行的方式，让出家人一起到斋堂吃饭，称为"过堂"；如同"百花丛里过，片叶不沾身"，到斋堂里吃饭，只是经过一下，不贪心，不好吃，也不计较饮食的好坏。所谓"正事良药，为疗形枯"，吃饭只是为了生存的需要，能吃饱就好。所以，在佛门里，"过堂"也是一门修行功课。

无论托钵或是过堂，都是"借假修真"，人总要吃饭才能存在。五十多年前，我刚开始弘法的时候，有个医生跟别人说："我才不相信星云法师！有一次我看到他还吃饭呢！"这也奇怪了！难道做医生的人不懂得人都要吃饭吗？所以，有时候佛教会被社会大众误解，都是由于对佛教的认识不够。另外，"过午不食"也是佛制生活的规范之一。佛世时代，迦留陀夷比丘于傍晚时分入城乞食，由于光线不足，一位孕妇误以为是鬼魅，受到惊吓而流产，因为这样的因缘，佛陀才制定了"过午不食"的戒律。所以，"过午不食"并非如某些人以为的是修行高深的象征。

现代社会由于大家工作忙碌，也不必坚持要过午不食，倒是能"过午少食"，少吃一些，晚上的睡眠将更舒服。不过，现代人反倒是有"遇早不食"的习惯，早上不习惯吃早餐。所谓"一日之计在于晨"，早上吃得饱，对于一天的精神力还是有很大帮助的。我想修行并不在"吃"的上面计较，当吃则吃，不当吃则不吃，身心平衡才是修行之道。

◆**茹素是为了长养慈悲心，但是有的人因为执着自己吃素，因而造成别人的不便。可否请大师针对吃素应该注意哪些观念与习惯，再给我们一些开示？**

星云大师：吃素是一个良好的习惯，应该提倡。但是吃素不能吃得古怪，否则就为人所诟病了。有的素食者不肯到别人家里做客，因为他认为别人家的锅子炒过肉，不清净。如果是这样，六祖慧能大师吃肉边菜也不可以啰！常常有信徒好意跟我说："师父，请到我家里来接受我的供养吧！我特地为你买了新的锅碗。"或者说："师父，我把锅子刷洗得很干净，你放心到我家里来吃饭。"我说："不用这么麻烦，你煮过肉的锅子，随便冲洗一下，再煮东西给我吃，也不会怎么样。我是去吃菜的，又不是吃锅子！"

有时候坐飞机，点心时间一到，空中小姐依序供应面包、糖果，但是看到出家人，她就说："这面包是荤的，你不能吃；这糖果是荤的，你不能吃。"奇怪！面包、糖果又不是肉，为什么说是荤的？原来是含有动物性油脂。当然，不彻底的素食者不会忌讳这些，即使是完全的素食者也不用过于顾忌。素食者最忌作怪，老是这样不可以、那样不能，会令人反感。

有的人不肯和吃荤的人同桌吃饭，大可不必如此矫情。吃素的人要有随缘的性格，只要自己吃素吃得开心，何必在乎别人吃荤？甚至有的人见到你吃素，也会很好奇，这时候如果分一点素菜给他试试，或许他也很欢喜呢！

吃素不要吃得古怪，但是也不能因为开方便而变得随便。比如有的人喜欢吃肉，他就说："吃荤？吃素？方便就好了啦！"或者有素菜吃而不吃，却说："方便就好。"这些都是不合理而暧昧的。

有一段趣谭，有个先生中午下班回家吃饭，太太煮了一道"清蒸板鸭"。先生才刚拿起筷子就发现"鸭子怎么只有一条腿呢"？太太说："我们家的鸭子都是一条腿啊！不信你到我们家花园的池塘去看。"先生半信半疑地走到池塘边，恰巧鸭子们在休息，都盘起了另外一条腿。太太就说："你看！鸭子不都是一条腿吗？"先生双手击掌，"啪！啪！啪"！掌声一响，所有鸭子都使劲地游走了。先生得意地说："太太，你看！我们家的鸭子现在不都是两条腿吗？"太太说："难道你不知道那是因为有掌声，所以才有两条腿的吗？"意思是，我每天煮饭给你吃，你却一点赞美、一点掌声都没有，因此，你只能吃到鸭子的一条腿喽！

所以，做先生的要经常赞美太太："你好漂亮，好能干，好会做菜。"做太太的也要关心先生："先生，你辛苦了，家里亏得有你，我们才能住得好、吃得好。"如此，夫妻之间感情一定甜蜜。讲这个故事的意思，主要是说明，"吃"虽然很重要，但也不能只是用口吃。所谓"秀色可餐"，看美丽的东西，眼睛也能饱；听好话，耳朵也能饱；说好话，嘴巴也能饱；做好事，身体也能饱。所以，吃荤、吃素不重要，眼、耳、鼻、舌、身、意，多说好话，多做好事，多存好心才重要。

◆ **"民以食为天"，大师一向很重视素斋度众的功能，自己本身**

也很精于素食的烹调。可否请大师指导我们如何做素菜，如何才能吃得欢喜，吃得健康？

星云大师：说到素食比荤食更好，当然煮菜的人也要能把素食煮得好吃，人家才肯吃素。因此，我鼓励佛光山辖下道场要把素食煮好，让前来参访礼佛的人都可以欢喜地吃素。我一生不敢说自己有什么长处，倒是觉得自己能煮好一手素菜。但是人生不一定事事都能如意，虽然我欢喜做素菜给人吃，却一直没有机会做。不过，对于如何做素菜，我还是可以传授几招。

在佛光山，我传授做素菜的方法给不少人，但是大部分人都没有得到真传。为什么？因为人的观念很难改变，你告诉他方法，他就说："我过去……""我从前……""什么人跟我讲……"心里有了成见，再好的方法他也不能接受。就像一只茶杯，里面放了酱油，再把茶水倒进去，就失去茶味了。所以，想做好素菜，应当先空掉心中的成见，全盘接受。

人生无论做什么事都要讲究艺术，做菜也是一门艺术，所谓色、香、味，一样都不能少。素食的材料，一般是青菜、萝卜、花菜、各种瓜类。素食比较清淡，不像荤食本身有味道，所以要将味道煮出来就需要靠本领了。

素菜要炒得好吃，应视菜性的软脆而炒，该脆的要脆，该烂的就烂。尤其中国人做菜讲究火候，应该脆的菜，火候要猛，炒的速度要快；应该烂的菜，要温火慢炒，而且不能先放盐，否则炒不烂。

需要煮得熟烂的食物，费时较长，为了省时，有个善巧方便。例如萝卜、大黄瓜、花菜要煮得烂，可以先放进锅里油炸，炸过之后，菜的纤维支撑不住油的力量，内部就会松软。从油锅里捞起来之后，如果你不喜欢油腻，可以稍微过水，之后再另起一锅，加入酱油、盐等调味料，约略卤过，就能入味了。又如花生、黄豆不容易煮熟，可以提早半天将它泡水，等到发胀了、软了，再放进锅里煮，很快就熟了。甚至可以在前天晚上就用小火慢慢炖煮，隔天熟烂之后，再加上油、盐炒一炒，便能上菜了。

有时候家里忙，来不及做饭，煮个面也很方便，五分钟不到就可以上桌了。煮面的诀窍就是水要滚，以防面条下锅后，因为煮的时间太长而膨胀过烂。另外，面捞起来之后最好留有一些汤汁。吃面不需要有菜，倘若吃面的人还要吃菜，那就是不懂得吃面；煮面的人在面里放了很多菜，也是不会煮面，顶多只能放一样东西。例如：

第一，番茄面。煮番茄面要先把番茄烫过，然后把皮剥了，甚至蕃茄子也掏出来，剁得很碎，之后放进油里熬烂，熬得如同番茄酱一样，再加入一点酱油，接着放水，下面条。煮蕃茄面最重要的是不可以煮得太糊。

第二，豆浆面。倘若没有番茄，豆浆也可以派上用场。原味豆浆加入一点水，滚过之后，再下面，最后放一点盐，就可以吃了。

第三，胡椒面。若说没有番茄也没有豆浆，家里总会储备一点胡椒盐吧！面下锅之后，再放一点酱油、一点胡椒盐就可以，而且必定美味无比。

第四，皇帝豆面。台湾有一种豆子体型很大，叫作"皇帝豆"。首先把皇帝豆放到果汁机里打碎，然后放入锅内，加水，一滚再滚，滚到找不到皇帝豆了，再放盐、放面。有时候时间紧凑，煮皇帝豆比较费时，改用嫩豆皮也可以，先把它熬成汤，之后再下面，也会很好吃。

再如四道简单的菜：

第一，芹菜炒豆干。最重要的是把芹菜炒得很脆，豆干炒得很入味、很香。

第二，炒四季豆。四季豆是很常见的菜，首先把它折成大约一英寸半大小，放进油锅里炸，捞起来后，放进水里洗一下，免得油腻，然后再另起锅来炒。

第三，炒绿豆芽。将绿豆芽拣干净后，放入锅里用大火炒，很快就能上桌了。

第四，榨菜。把榨菜切成丝，再加一点豆干切片或是少许的香菇丝下去炒。豆干、香菇丝要少，不宜喧宾夺主。

炒菜不要花费太多时间，假如需要费时的，也尽量不超过二十分钟。

另外，半个小时可以做一道红烧菜。例如：

第一，长年菜（芥菜）。长年菜是四川菜，也是过年的应景菜，有的人煮得很好吃，有的人煮得令人不敢恭维。长年菜很苦，要先在水里煮一下，苦水不要留下来。长年菜捞起来之后，切成适当大小，再放多一点油、生姜在锅里炒，之后放酱油，不放盐，否则太咸不好吃。

第二，红烧萝卜。冬天的萝卜很甜、很美、很容易煮烂。首先将萝卜用水煮一下，起锅之后，切成三角形，之后加入油豆腐一起煮，红烧个10 分钟就熟了。

第三，红烧豆腐。豆腐到处都有，但是嫩豆腐、老豆腐的煮法不一样。红烧豆腐要先把嫩豆腐放在油里稍微炸一下，再加入香菇、配料一起煮。

除此之外，还可以煮面筋泡，台湾话叫作"面泡仔"。面筋泡可以单独煮，也可以加入马铃薯、香菇、黄豆或花生。但是这些配料要提早准备，因为不容易煮烂。

再介绍一道点心——烧饼。家里的冰箱里可以摆几个烧饼，要吃的时候放进烤箱里稍微烤一下就脆了，也很美味。

人生要懂得如何预算，做菜也要有计划。上等的厨师，一人可以照顾六个锅子；中等的厨师，一人可以照顾四个锅子；下等的厨师，只能照顾一个锅子，而且还手忙脚乱，这样的厨师就没有价值了。

"吃"是人生一件很麻烦的事情，有的家庭主妇为了一家五六口人吃饭，几个小时前就开始准备，手忙脚乱还煮不出来，甚至吃了早饭就开始忙中饭，吃了中饭就开始忙晚饭。所以，我把家庭主妇的手艺分为上等、中等、下等、劣等。宴客时，上等的主妇能和客人同时用餐；中等的主妇，来不及和客人一起用餐，拜托大家先用，表明有一道汤还没煮好、一道水果还要切；下等的主妇，让客人老是呼唤吃饭，却仍没空出来吃；劣等的主妇，客人喊到最后，饭都吃饱了，还来不及出来。

一个会做菜的人，煮个四菜一汤供应给一桌的人使用，时间最好控制在二十分到半小时。所以，事前的计划就很重要。比方进了厨房，就先烧热水，接着再洗米、煮饭，热水一滚就可以用来烧菜、做汤。做菜不一定是一样完成才能做下一样，可以三四道菜同时进行。

做素食要简单，保持原味，不要花太多时间，而且刀功、火功、配料、调味都不可忽视。除此，拥有一颗供养心，让大家吃得欢喜更是重要。

图书在版编目(CIP)数据

星云大师谈当代问题. 3, 心安诸事安／星云大师 著. —北京:东方出版社,2014.4
ISBN 978-7-5060-7439-1

Ⅰ.①星… Ⅱ.①星… Ⅲ.①佛教—人生哲学—通俗读物 Ⅳ.①B948-49

中国版本图书馆 CIP 数据核字(2014)第 083979 号

本书由上海文觉文化传播有限公司独家授权
中文简体字版专有权属东方出版社
著作权合同登记号 图字:01-2013-7493 号

心安诸事安:星云大师谈当代问题(叁)
(XIN'AN ZHUSHI AN:XINGYUN DASHI TAN DANGDAI WENTI)

作　　者:星云大师
责任编辑:贺　方　王　萌
出　　版:东方出版社
发　　行:人民东方出版传媒有限公司
地　　址:北京市西城区北三环中路6号
邮政编码:100120
印　　刷:北京联兴盛业印刷股份有限公司
版　　次:2015 年 1 月第 1 版
印　　次:2022 年 4 月 4 次印刷
开　　本:710 毫米×1000 毫米　1/16
印　　张:13.25
字　　数:175 千字
书　　号:ISBN 978-7-5060-7439-1
定　　价:42.00 元
发行电话:(010) 85924663　85924644　85924641

慈悲喜捨遍法界

惜福結緣利人天

禪淨戒行平等忍

慚愧感恩大願心